띠부띠부와 스퀴시를 한 권으로 즐기는 종이놀이 도안집 4탄
소워니놀이터의 말랑띠부 모음집

초판 15쇄 발행	2025년 08월 25일
초 판 발 행	2023년 01월 30일
발 행 인	박영일
책 임 편 집	이해욱
저 자	조윤성
편 집 진 행	황규빈
표 지 디 자 인	김도연
편 집 디 자 인	신해니
발 행 처	시대인
공 급 처	(주)시대고시기획
출 판 등 록	제 10-1521호
주 소	서울시 마포구 큰우물로 75 [도화동 538 성지 B/D] 9F
전 화	1600-3600
홈 페 이 지	www.sdedu.co.kr
I S B N	979-11-383-3957-5(13630)
정 가	25,000원

※이 책은 저작권법에 의해 보호를 받는 저작물이므로, 동영상 제작 및 무단전재와 복제, 상업적 이용을 금합니다.
※이 책의 전부 또는 일부 내용을 이용하려면 반드시 저작권자와 (주)시대고시기획 · 시대인의 동의를 받아야 합니다.
※잘못된 책은 구입하신 서점에서 바꾸어 드립니다.

시대인은 종합교육그룹 (주)시대고시기획 · 시대교육의 단행본 브랜드입니다.

prologue

안녕하세요. 소워니놀이터의 소워니, 시워니 엄마입니다.
첫 책을 출간한 지 1년이 지나 그동안 꾸준한 사랑을 받았던 1탄, 2탄, 3탄의 모음집으로 인사를 드리게 되었어요. 소워니놀이터의 종이놀이를 사랑해주시는 모든 분께 감사의 인사를 전합니다.

<소워니놀이터의 말랑띠부 모음집>에는 그동안 독자님들께 많은 사랑을 받았던 1탄, 2탄, 3탄의 인기 도안과 새롭게 공개하는 미공개 도안들을 한 권에 모두 담아보았어요. 이 모음집 한 권으로 가게놀이, 직업놀이, 스퀴시 모두를 즐길 수 있어서 다양한 종이놀이가 가능하답니다.

시리즈 1탄, 가게놀이는 각자 사장님과 손님이 되어 역할놀이를 하면서 공부도 할 수 있어요. 물건의 가격을 확인하며 덧셈과 뺄셈을 익히고, 물건에 대한 값을 계산하고 돈을 내면서 경제관념을 배울 수 있어요.
시리즈 2탄, 직업놀이는 역할놀이를 통해 다양한 직업을 간접적으로 체험할 수 있도록 구성했어요. 직업에 맞는 역할과 소품들이 있어서 더욱 몰입해서 놀이할 수 있답니다. 놀이를 통해 직업에 대해 이해하고 아이들 스스로가 장래희망에 대한 멋진 꿈을 키워나가게 될 거예요.
시리즈 3탄, 스퀴시는 도안과 도안 사이에 솜을 넣어 말랑말랑한 촉감놀이가 가능해요. 말랑말랑한 촉감은 스트레스 해소에 도움이 되며, 평면인 도안을 입체로 조립하는 과정에서 아이들의 공간지각능력을 향상시킬 수 있어요.
1탄, 2탄, 3탄 모두 도안을 오리고 붙이는 과정이 필요한데요. 이 과정은 아이들의 소근육 발달에 많은 도움이 돼요. 서툴더라도 아이가 혼자서 만들 수 있도록 옆에서 지도해주면 아이의 집중력이 높아짐은 물론 성취감 역시 배울 수 있어요.

소워니놀이터의 가장 큰 특징은 역시 '떼었다 붙였다 할 수 있는 종이놀이'라는 거예요. 종이를 코팅해 튼튼하게 만들고 양면테이프를 활용해 마치 스티커처럼 떼었다 붙였다 하면서 놀 수 있는데요. 그래서인지 더욱 실감 나게 놀이할 수 있답니다. 특히 역할놀이를 할 때 그 진가가 드러나는데요. 역할놀이를 할 때 엄마 아빠도 그 역할에 함께 빠져서 아이와 함께 도안을 떼었다 붙였다 하며 생동감 있는 대사와 행동을 주고받으며 놀아주세요. 종이놀이 하나로도 아이에게 잊지 못할 행복한 추억을 만들어 줄 수 있어요.

<소워니놀이터의 말랑띠부 모음집>이 아이들에게는 발달에 도움이 되고 어른들에게는 동심으로 돌아가는 시간이 되어, 아이와 어른 모두 유익한 시간을 보내길 바랄게요. 감사합니다.

소워니놀이터_조윤성

contents

프롤로그

PART 1
말랑띠부 종이놀이 준비하기

01. 도구&재료 소개 및 사용법 /8

+ 도안 코팅하기 : 손코팅지, 투명 박스테이프, 코팅기계(+코팅지)
+ 도안 오리기 : 가위, 칼, 커팅매트
+ 스퀴시 만들기 : 솜 or 휴지
+ 도안 조립하기 : 얇은 투명테이프(+울레방아 커터기)
+ 도안 떼었다 붙였다 하기 : 풀테이프 or 투명 양면테이프, 종이 양면테이프
+ 추가 도구 : 네임펜, 마스크 끈, 벨크로(찍찍이 테이프)

02. 도안 만들기 기호 /18

+ 도안 코팅 기호
+ 도안 조립 기호

03. 말랑띠부 종이놀이 준비하기 /20

+ 캐릭터&머니북
+ 소원니놀이터 친구들

PART 2
말랑띠부 종이놀이 튜토리얼

chapter 1.
띠부띠부 가게놀이

달콤함이 듬뿍, 디저트 가게
/34

외식하는 날엔, 초밥 가게
/38

향기로운 꽃향기가 가득, 꽃집
/42

chapter 2.
띠부띠부 직업놀이

귀여운 아기들을 돌봐요!
어린이집 선생님
/ 46

강아지를 너무 사랑해요!
애견 미용사
/ 50

세계 곳곳으로 안내해요!
비행기 기장 & 승무원
/ 54

chapter 3.
말랑말랑 스퀴시

따르릉~ 여보세요, 토깽이 핸드폰
/ 60

폭신폭신 아기자기, 인형 가게
/ 64

말랑말랑 시원한, 음료수 자판기
/ 70

소워니놀이터 총정리, 텔레비전 스퀴시북
/ 82

PART 3
말랑띠부 종이놀이 도안 / 95

PART 1
말랑띠부 종이놀이 준비하기

말랑띠부 종이놀이를 만들기 전에 미리 알아두면 좋은 내용을 소개해요. 필요한 도구와 재료에는 어떤 것이 있고, 어떻게 사용해야 하는지 친절하게 알려드릴게요. 중간에 여러분이 궁금해할 만한 부분을 Q&A로 적어두었으니까 잊지 말고 꼭 읽어보세요. 어려운 부분은 없으니 가볍게 읽으면서 방법을 익혀요.

도구&재료 소개 및 사용법

말랑띠부 종이놀이를 만들 때 사용하는 도구와 재료를 알아봐요. 주변에서 쉽게 구할 수 있고, 그만큼 자주 사용하는 도구와 재료지만 한 번 더 꼼꼼하게 확인해 보세요!

🧁 도안 코팅하기

손코팅지, 투명 박스테이프, 코팅기계(+ 코팅지)

말랑띠부 종이놀이를 만들 때 가장 먼저 해야 하는 것은 도안을 코팅하는 일이에요. 깔끔하게 코팅하면 도안이 쉽게 망가지지 않고, 떼었다 붙였다 하면서 오랫동안 가지고 놀 수 있거든요. 코팅할 수 있는 도구와 재료는 크게 세 가지인데요. 각각의 특성을 살펴보고 어떤 방법으로 코팅을 하는 게 좋은지 확인해봐요.

1. 손코팅지

이름 그대로 손으로 코팅할 수 있는 재료예요. 손코팅지는 한쪽 면에는 접착력이 있고 다른 한쪽 면은 비닐로 되어있어 한쪽 면만 코팅할 수 있어요. 코팅지의 비닐을 떼어내고 도안의 앞면에 접착력이 있는 면을 붙인 다음 손이나 천으로 슥슥 문지르면 완성이랍니다. 떼었다 붙였다 하는 띠부띠부 도안은 손코팅지 두 장을 사용해 양면 코팅을 하고, 스퀴시 도안은 한쪽 면만 코팅하면 돼요.

  + 장점 : 코팅기계가 없어도 쉽게 코팅할 수 있어요. 면적이 넓은 도안을 한 번에 깔끔하게 코팅할 수 있어요.
  – 단점 : 열을 가해서 완벽하게 밀착시킨 것이 아니기 때문에 놀이를 하다 보면 종이와 코팅지가 분리될 수 있어요.

2. 투명 박스테이프

투명 박스테이프는 코팅지보다 얇아서 말랑말랑한 느낌을 잘 표현할 수 있어요. 크기가 작은 스퀴시 도안이나 접거나 구부려야 하는 도안은 반드시 투명 박스테이프로 코팅해 주세요. 도안의 앞면에 너비가 넓은 투명 박스테이프를 붙이고 손이나 천으로 슥슥 문지르면 되는데, 투명 박스테이프 코팅은 공기 방울이 쉽게 생기기 때문에 천천히 문지르며 붙이는 것이 좋아요. 물티슈로 테이프 옆면에 붙은 먼지를 닦아내면 끈적임 없이 훨씬 깔끔하게 코팅할 수 있답니다.

+ 장점 : 코팅 재료 중에 가장 쉽게 구할 수 있어요.
− 단점 : 면적이 넓은 도안 전체를 투명 박스테이프로 모두 코팅하려면 손이 많이 가기도 하고, 실수할 확률도 아주 높아요. 한번 잘못 붙이면 떼었다 다시 붙이기 어려우니 처음부터 천천히 조심하면서 붙여야 해요.

 쉽게 따라 해요. 소워니 skill

손코팅지와 투명 박스테이프로 코팅하는 방법을 알려드릴게요. 코팅 방법에는 두 가지가 있는데, **띠부띠부 도안에 활용하는 양면 코팅법과 스퀴시 도안에 활용하는 단면 코팅법**이에요. 띠부띠부 도안은 전부 다 양면 코팅을 하기 때문에 따로 신경을 쓸 필요는 없지만, 스퀴시 도안은 코팅법이 다양하니 어떤 방법으로 코팅을 해야 하는지 반드시 확인해야 해요. 도안의 오른쪽에 인덱스 형식으로 어떤 재료로 어떻게 코팅을 해야 하는지 적어두었으니 반드시 확인하면서 코팅하세요.

• 손코팅지로 도안 코팅하기

<단면 코팅> 손코팅지의 비닐을 제거한 뒤, 도안의 앞면에 코팅지의 끈끈한 접착면이 닿도록 올리고 손으로 슥슥 문질러 공기 방울이 생기지 않게 붙여요.

 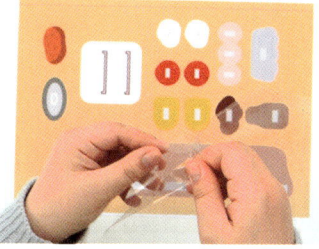 

<양면 코팅> 손코팅지의 비닐을 제거한 뒤, 도안의 앞면에 코팅지의 끈끈한 접착면이 닿도록 올리고 손으로 슥슥 문질러 붙여요. 그다음 도안을 뒤집고 손코팅지를 하나 더 꺼내 마찬가지로 비닐을 제거한 뒤, 도안의 뒷면에 올려 슥슥 문질러 붙여요.

tip. 손코팅지로 양면 코팅을 할 때는 앞면과 뒷면에 붙이는 코팅지가 도안의 사방에서 서로 맞닿도록 붙여요. 먼저 윗부분을 맞추고 손으로 문지르면서 공기 방울이 생기지 않도록 주의하며 붙여요.

• 투명 박스테이프로 도안 코팅하기

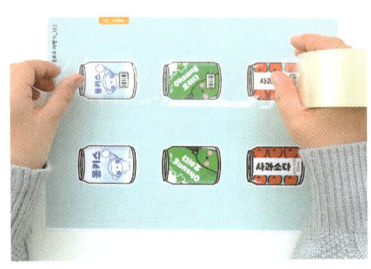 

<단면 코팅> 투명 박스테이프를 적당히 떼어내 도안 위에 올리고 한 손으로는 테이프를 잡고, 다른 한 손으로는 스윽 문지르면서 공기 방울이 생기지 않게 붙여요. 한 번에 코팅하는 것이 어렵다면 머릿속으로 그림을 나누고 투명 박스테이프를 조금씩 떼어내 붙여요.

<양면 코팅> 단면 코팅한 도안을 뒤집어 똑같은 방법으로 투명 박스테이프를 붙여요.

tip. 투명 박스테이프로 코팅을 할 때는 공기 방울이 생기거나 테이프가 울지 않도록 주의해야 해요. 만약 공기 방울이 생겼다면 칼로 살짝 구멍을 내서 공기를 빼주면 되고, 테이프가 운다면 해당 부분을 손톱으로 꾹꾹 눌러 우는 곳이 최대한 안 보이도록 해주세요. 무리하게 테이프를 떼려고 하다 보면 도안이 망가질 수 있으니 조심하세요.

3. 코팅기계(+ 코팅지)

코팅기계는 양면 코팅만이 가능하기 때문에 띠부띠부 도안에만 사용해요. 도안을 코팅지 사이에 끼우고 예열된 기계에 넣어 통과시키면, 코팅기계가 코팅지에 열을 가해 앞뒤로 붙여주어 쉽고 깔끔하게 코팅할 수 있어요.

+ 장점 : 양면을 한 번에 코팅해서 깔끔하고 빠르게 코팅할 수 있으며 훨씬 튼튼해요.
− 단점 : 코팅기계를 구매해야 하는 경우 금전적인 부담이 생길 수 있고, 단면만 코팅해야 하는 스퀴시 도안에는 사용할 수 없어요.

 궁금한 건 못 참아! 시워니 Q&A

Q. 코팅은 꼭 해야 하나요?
A. 도안이 종이기 때문에 코팅을 하지 않으면 금방 구겨지고 찢어져서 오래 가지고 놀 수가 없어요. 과정이 조금 번거롭지만, 코팅을 해야 물이 묻어도 크게 변색이 없고 튼튼하게 오랫동안 가지고 놀 수 있어요.

Q. 모든 도안을 앞면만 코팅하면 안 되나요? 너무 번거로워요.
A. 뒷면까지 꼼꼼하게 코팅해야 떼었다 붙였다 하면서 놀 수 있어요. 뒷면 코팅을 하지 않으면 도안이 찢어지거나, 도안에 붙인 양면테이프가 쉽게 떨어져요.

Q. 모든 도안을 양면으로 코팅하면 안 되나요? 더 튼튼할 것 같은데요.
A. 스퀴시 도안의 경우 앞면만 코팅하고, 솜을 넣을 뒷면은 코팅하지 않아요. 양면을 전부 코팅하면 너무 두꺼워져서 말랑말랑한 촉감을 제대로 느낄 수 없거든요. 또한 안 보이는 부분까지 공들여 코팅할 필요는 없지요. 대신 떼었다 붙였다 하는 띠부띠부 도안은 양면으로 꼼꼼하게 코팅해 주세요.

Q. 코팅하니까 도안이 납작해져서 손으로 잡기가 너무 어려워요.
A. 놀이를 시작하기 전에 떼었다 붙였다 할 소품 도안을 약간씩 구부려서 손으로 잡을 공간을 만들어주세요. 이렇게 하면 떼기 훨씬 수월할 거예요. 이때 주의할 점은 '접는' 게 아니라 '구부리는' 거예요. 손으로 잡기 편할 정도만 구부려주세요.

🧁 도안 오리기

가위, 칼, 커팅매트

도안을 오릴 때 사용하는 도구들이에요. 가위나 칼 중 편한 도구를 사용하면 돼요. 저는 곡선이 있거나 크기가 작은 소품은 가위로 오리고, 직선이 있거나 크기가 큰 소품, 가운데를 뚫어야 하는 소품의 경우에는 칼로 오렸어요. 칼을 사용할 때는 바닥에 커팅매트를 깔아두세요. 커팅매트를 깔아두면 도안이 움직이지 않아 훨씬 수월하게 오릴 수 있고, 책상에 흠집도 나지 않아요. 가위와 칼을 사용할 때는 손을 다치지 않게 조심하세요.

 쉽게 따라 해요. 소워니 skill

• 선 따라 테두리 오리기

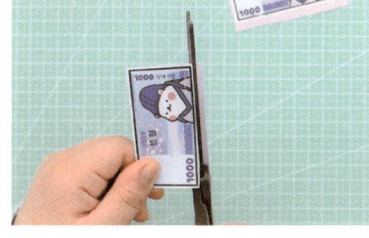  

도안의 테두리에는 하얀색 선과 검은색 선이 있는데, 원하는 색의 선을 따라 오리면 돼요. 검은색 선을 따라서 오리면 테두리를 깔끔하게 표현할 수 있지만 자칫하면 그림 도안을 자르는 실수를 할 수 있어요. 하얀색 선은 검은색 선보다 바깥쪽에 위치해 여백이 있기 때문에 가위로 오리다가 실수를 해도 도안에는 영향이 없어요.

• 가운데 오리기

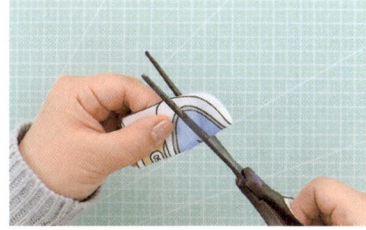  

입체감을 주기 위해 가운데를 뚫어야 하는 소품들이 있어요. 주변은 그대로 두고 가운데만 오려내야 하는데 오려야 하는 도안 가운데에 '가위(✂)' 표시가 있으니 확인하면서 오려요. 가위를 사용할 때는 도안을 살짝 접어 '가위(✂)' 표시에 구멍을 만들고 그 구멍 안쪽으로 가위를 넣어 테두리를 따라서 오리면 되고, 칼을 사용할 때는 커팅매트 위에 도안을 두고 힘주어 오려내면 돼요. 칼을 사용할 때는 위험할 수 있으니 꼭 엄마가 함께 도와주세요.

🧁 스퀴시 만들기

솜 or 휴지, 얇은 투명테이프(+ 물레방아 커터기)

스퀴시 만들기의 핵심은 바로 '말랑말랑'이에요. 말랑말랑한 촉감을 만들어주는 재료는 바로 솜과 휴지인데요. 스퀴시 도안 사이에 솜이나 휴지를 넣고 테이프로 붙이면 아주 쉽고 간단하게 말랑말랑한 스퀴시를 만들 수 있어요. 각자 상황에 맞는 준비물로 만들어보세요.

1. 솜

구름 솜, 인형 솜, 베개 솜 등 솜이라면 어떤 걸 사용해도 좋아요. 구름 솜을 구매하거나 집에 있는 인형이나 베개 안의 솜을 이용하면 돼요. 단, 인형이나 베개 안에 있는 솜은 뭉쳐있는 경우가 많으니 솜을 손으로 찢어서 풀어준 다음에 사용하세요. 그래야 솜 사이사이에 공기가 잘 들어가 더욱 말랑말랑한 스퀴시를 만들 수 있어요.

+ 장점 : 솜은 적당히 잘 부풀어서 말랑말랑한 촉감을 느끼기에 가장 적합해요.
- 단점 : 인형 솜이나 베게 솜을 사용하는 경우, 생각보다 스퀴시 안에 들어가는 솜의 양이 많아서 결국에는 구름 솜을 따로 구매해야 할 수도 있어요.

2. 휴지

스퀴시 안에 솜 대신 휴지를 손으로 잘게 찢어서 넣어도 좋아요. 휴지를 찢어 넣으면 휴지 사이사이로 공기가 들어가 말랑말랑한 촉감을 느낄 수 있어요. 하지만 찢는 과정에서 먼지가 날릴 수 있으니 환기가 잘 되는 공간에서 마스크를 쓰고 하는 게 좋아요.

+ 장점 : 가장 쉽게 구할 수 있는 재료예요.
- 단점 : 휴지를 찢는 과정이 번거롭기도 하고, 먼지가 발생할 수 있어요. 또한 솜보다는 말랑말랑한 촉감이 덜해요.

3. 얇은 투명테이프(+ 물레방아 커터기)

스퀴시 도안 두 장을 연결해주는 역할을 해요. 도안을 앞뒤로 겹치고 테두리를 감싸는 느낌으로 테이프를 접으며 붙여요. 도안의 직선 부분은 테이프를 그대로 붙이면 되지만, 곡선 부분은 가장자리에 테이프를 반만 붙인 다음 가위집을 내고 곡선을 따라 하나씩 접어가며 붙여야 깔끔하게 붙일 수 있어요. 얇은 투명테이프를 사용할 때 물레방아 커터기를 사용하면 훨씬 수월해요. 만약 물레방아 커터기가 없다면 얇은 투명테이프를 가위로 잘라 사용해도 되고, 일반 스카치테이프를 사용해도 좋아요.

쉽게 따라 해요. 소워니 skill

• 스퀴시 만들기

① 스퀴시 도안을 안쪽 면('솜'이라고 쓰여있는 부분)끼리 맞닿도록 겹친 다음, 테두리를 따라 얇은 투명테이프를 반만 붙여요.

 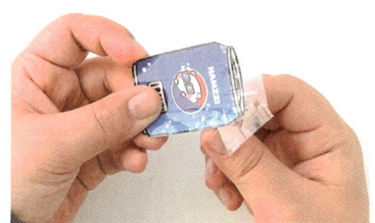

② 직선을 붙일 때는 반만 붙인 얇은 투명테이프를 그대로 뒤로 접어 붙이고, 곡선을 붙일 때는 얇은 투명테이프에 가위 집을 넣고 곡선에 맞게 하나씩 접어가며 붙여요. 이때 솜을 넣을 부분(솜구멍)을 조금만 남기고 테두리를 전부 붙여요.

③ 2번 과정에서 남긴 솜구멍에 솜(또는 잘게 찢은 휴지)을 넣어요. 솜구멍이 작아 손가락으로 솜을 넣기 힘들다면 연필이나 젓가락 등 얇고 긴 막대를 이용해 넣어도 좋아요.

tip. 솜은 정해진 양이 없어요. 솜을 적당히 넣은 다음 손으로 눌러보면서 각 스퀴시에 맞는 양을 찾아요.

④ 솜이 바깥으로 튀어나오지 않게 잘 정리한 다음 얇은 투명테이프로 솜구멍을 막으면 완성이에요.

궁금한 건 못 참아! 시워니 Q&A

Q. 스퀴시가 터져서 솜이 자꾸 튀어나오는데 어떡하죠?

A. 더 말랑하게 만들려고 스퀴시 안을 솜으로 꽉 채워서 만들면 쉽게 잘 터져요. 오히려 더 딱딱하기도 하고요. 굳이 꽉 채우지 않아도 솜이 안에서 부풀기 때문에 '적당히' 넣는 것이 중요해요. '적당히'라는 말이 굉장히 추상적으로 들리겠지만, 스퀴시마다 들어가는 양이 달라 어느 정도라고 딱 단언하기는 너무 어렵네요. 약간의 노하우를 말씀드리자면 솜을 넣었을 때 솜구멍 바깥으로 자꾸 솜이 튀어나온다면 조금 덜어내는 게 좋아요. 또한 솜구멍을 막기 전에 손으로 눌러보면서 어느 정도가 적당한지 감을 익혀보세요. 솜의 양을 조절해서 넣고 테이프로 잘 마감하면 더 이상 스퀴시가 터지지 않을 거예요.

🧁 도안 조립하기

얇은 투명테이프(+ 물레방아 커터기)

얇은 투명테이프는 스퀴시를 만들 때뿐만 아니라 도안을 조립할 때도 사용해요. 도안을 연결해 책처럼 만들기도 하고, 도안을 입체감 있게 만들기도 하죠. 도안을 조립할 때 없어서는 안 되는 중요한 재료예요.

 **쉽게 따라 해요. 소워니 skill**

• 배경/도안책 만들기

코팅하고 오린 도안의 위치를 잡아요. 완성했을 때의 모습을 생각하면서 도안의 위치를 잡고 도안과 도안 사이를 얇은 투명테이프로 붙여 고정해요. 이때 도안 사이에 약간의 간격을 두고 위아래 또는 좌우로 정렬한 뒤 테이프를 붙여 연결해야 도안을 접었을 때 깔끔하게 잘 접혀요. 여러 도안을 연결해 '책'처럼 만들 경우에는, 도안을 다 연결한 다음 완전히 접어 왼쪽 책등에 얇은 투명테이프를 한 번 더 붙여 튼튼하게 만들어요.

• 스퀴시북 연결하기

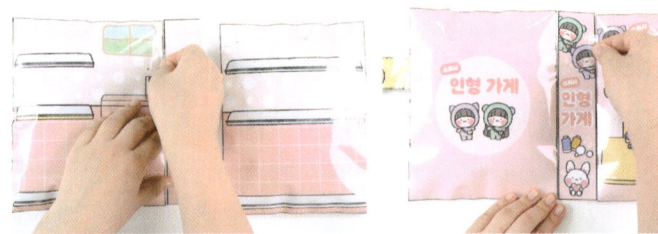

스퀴시북을 연결하는 방법도 배경/도안책과 똑같아요. 먼저 도안의 위치를 잡고, 도안과 도안 사이에 연결 도안을 두고 서로 약간의 간격을 둔 다음 얇은 투명테이프로 붙이면 돼요. 그다음 스퀴시북을 뒤집어 뒷면까지 꼼꼼하게 붙여요.

스퀴시북의 페이지가 여러 장일 경우에는 연결 도안을 살펴보세요. 연결 도안에 얇은 선이 그려져 있는데 그 선에 맞춰 한 장씩 붙여나가면 돼요. 이때도 연결한 부분 앞뒤 모두를 꼼꼼하게 붙이면 더욱 튼튼하게 놀이할 수 있어요.

🍡 도안 떼었다 붙였다 하기

풀테이프 or 투명 양면테이프, 종이 양면테이프

말랑띠부 종이놀이를 더욱 재미있게 가지고 놀 수 있도록 만들어주는 재료예요. 소품 도안 뒷면에 양면테이프를 붙이면 소품을 떼었다 붙였다 하면서 재미있게 놀 수 있어요. 이때 한 가지 주의해야 할 점이 있는데요. 띠부띠부 도안에는 뒷면에 회색 상자( )가 있어서 크기에 맞게 양면테이프를 붙이면 되지만, 스퀴시는 앞뒷면을 전부 다 사용하기 때문에 따로 회색 상자를 표시하지 않았어요. 비록 회색 상자는 없지만 완성한 스퀴시 소품에도 양면테이프를 붙여주세요. 양면테이프는 종류가 아주 다양한데 각각의 특징만 잘 확인한다면 어떤 걸 사용해도 상관없답니다.

1. 풀테이프 or 투명 양면테이프

양면테이프에는 다양한 종류가 있는데 그중 풀테이프와 투명 양면테이프를 자주 사용해요. 풀테이프는 수정테이프를 사용하듯이 한 손으로 눌러서 밀면 원하는 만큼 붙일 수 있어서 편리하고, 투명 양면테이프는 종이를 따로 떼거나 가위를 사용하지 않아도 깔끔하게 잘라서 쓸 수 있어서 편리해요. 두 가지 모두 종이 양면테이프와 비교하면 접착력이 약한 편이지만, 오히려 그런 면이 떼었다 붙였다 하며 놀기에 적합해요.

2. 종이 양면테이프

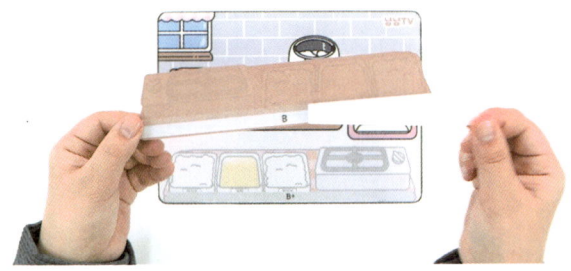

우리가 일반적으로 알고 있는 양면테이프예요. 가위를 사용해 원하는 길이로 잘라 필요한 곳에 붙이고 종이를 제거해서 사용하면 돼요. 접착력이 강하기 때문에 단단히 붙여야 하는 소품(가게 테이블, 계산대 등)에 주로 사용해요. 물론 떼었다 붙였다 하는 소품에 사용해도 되는데, 그럴 때는 양면테이프를 손이나 책상에 떼었다 붙였다를 반복해서 접착력을 살짝 떨어뜨린 다음에 놀이를 시작해요.

 궁금한 건 못 참아! 시워니 Q&A

Q. 소품에 붙인 양면테이프가 자꾸 떨어져요. 어떻게 하죠?
A. 배경에서 소품을 뗐는데 소품에 붙어있어야 하는 양면테이프가 배경에 붙어있거나, 혹은 코팅지가 벗겨져 배경에 붙어있는 경우들이 종종 있는데요. 그 이유는 양면테이프의 접착력 때문이에요. 접착력이 강한 종이 양면테이프를 사용했거나, 소품에 붙인 양면테이프의 크기가 너무 크기 때문인데요. 그럴 때는 회색 상자의 크기에 맞게 양면테이프를 작게 붙이고, 손등이나 책상에 톡톡톡 떼었다 붙였다 하면서 접착력을 떨어뜨린 다음에 놀이하면 괜찮을 거예요.

Q. 양면테이프를 안 붙이고 놀아도 되나요?
A. 소품 도안의 크기가 작으므로 양면테이프를 붙이지 않으면 분실 우려가 있어요. 또한 떼었다 붙였다를 해야만 제대로 놀 수 있도록 만들었으니 번거롭더라도 꼭 양면테이프를 붙여주세요.

Q. 종이놀이를 너무 많이 해서 잘 붙지 않을 때는 어떻게 하죠?
A. 떼었다 붙였다를 많이 하면 양면테이프의 접착력이 떨어져서 잘 안 붙을 수 있는데요. 그때는 접착력이 떨어진 양면테이프 위에 새로운 양면테이프를 다시 덧대어서 붙이면 돼요.

🍡 추가 도구

네임펜, 마스크 끈, 벨크로(찍찍이 테이프)

말랑띠부 종이놀이에 소소한 재미를 더해줄 추가 도구들이에요. 도안에 이름을 적거나, 입체감을 주거나, 여닫기 조금 더 편리하게 만들어주는 도구랍니다. 하지만 자주 사용하는 도구들은 아니기 때문에 없다면 굳이 구매할 필요는 없어요.

1. 네임펜

가게놀이의 간판에 이름을 적을 때 사용해요. 네임펜 이외에도 사인펜, 매직, 마커 등 다양한 펜을 사용해도 좋아요. 단, 코팅하고 나면 글씨를 쓰기 힘들 수도 있으니 코팅하기 전에 가게 이름을 먼저 정해서 쓰도록 해요.

2. 마스크 끈

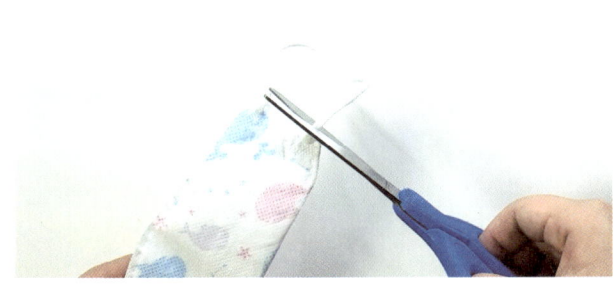 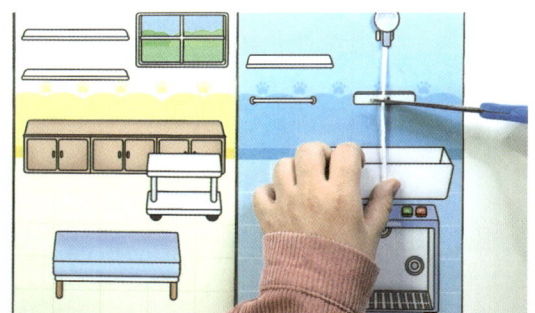

도안에 입체감을 살릴 때 사용해요. 사용한 마스크를 버리기 전에 끈만 잘라서 사용하는데요. 책에서는 마스크 끈으로 〈애견 미용사〉의 샤워기 호스를 표현했어요. 종이로 연결하는 것이 아니라 끈으로 연결했기 때문에 더욱 사실감 있게 놀이할 수 있어요. 마스크 끈이 없다면 다른 끈을 사용해도 좋지만, 가급적이면 탄력이 있는 끈을 사용하는 것이 좋아요.

3. 벨크로(찍찍이 테이프)

우리가 흔히 '찍찍이'라고 부르는 벨크로는 스퀴시북의 잠금장치로 사용해요. 가게놀이와 같이 얇은 도안의 경우에는 양면테이프로 붙여도 충분하지만, 스퀴시북은 부피감이 있어서 양면테이프보다는 벨크로를 사용해 붙이는 게 더 튼튼해요. 잠금 도안의 회색 상자에 벨크로의 짝을 맞춰 붙이고 그대로 잠그면 적당한 위치에 반대쪽 벨크로를 붙일 수 있어요.

도안 만들기 기호

도안을 코팅하고, 오리고, 조립할 때 사용하는 기호를 소개할게요.
복잡하진 않지만 한번 봐두면 말랑띠부 종이놀이를 만들 때 훨씬 수월할 거예요.

🌸 도안 코팅 기호

앞서 도안을 코팅할 때 다양한 방법이 있다고 했는데, 그 방법을 한눈에 확인할 수 있도록 표기한 기호예요. 띠부띠부 도안의 경우 전부 손코팅지로 양면 코팅을 하기 때문에 도안 코팅 기호를 신경 쓰지 않아도 되지만, '스퀴시 도안'에는 다양한 코팅 방법이 사용되니 도안 오른쪽의 인덱스를 반드시 확인한 다음에 코팅하세요.

기호	사용법
투명테이프 / 단면	투명 박스테이프를 사용해 그림이 있는 앞쪽 도안만 코팅해요. 크기가 작은 스퀴시 도안을 코팅하는 방법이에요.
투명테이프 / 양면	투명 박스테이프를 사용해 도안을 양면으로 코팅해요. 접거나 구부려야 하는 도안을 코팅하는 방법이에요.
코팅지 / 단면	손코팅지를 사용해 그림이 있는 앞쪽 도안만 코팅해요. 크기가 큰 스퀴시 도안을 코팅하는 방법이에요.
코팅지 / 양면	손코팅지를 사용해 도안을 양면으로 코팅해요. 가게놀이와 직업놀이는 물론 스퀴시의 떼었다 붙였다 하는 띠부띠부 도안을 코팅하는 방법이에요.
. . . .	한 장의 도안을 각각 다르게 코팅해야 하는 경우, 도안을 구분하기 위한 점선이에요. 점선 위에 어떤 방법으로 코팅해야 하는지 적어두었으니 반드시 참고하세요.

🧁 도안 조립 기호

도안을 조립할 때 사용하는 기호예요. 일반적으로 알고 있는 기호들이 많지만 그래도 한번 확인해두면 도안을 만들 때 우왕좌왕하지 않고 깔끔하게 완성할 수 있어요.

기호	이름	사용법
▬▬▬	실선	테두리의 검은색 실선을 따라 가위나 칼로 오리세요. 가위질이 서툴다면 하얀색 실선을 따라 오려도 좋아요.
- - - - - -	점선	선이 바깥으로 보이게 접어요.
· · · · · ·	긴줄점선	선이 안쪽으로 들어가게 접어요.
✂	가위	가위 표시가 있는 부분을 오려내요. 크기가 크다면 가위로 오리고, 크기가 작다면 칼로 오리는 게 좋아요. ※ 칼을 사용할 때는 꼭 엄마가 도와주세요.
(회색 상자)	회색 상자	양면테이프를 붙여요. 잠금 도안에는 양면테이프 대신 벨크로를 붙여도 돼요. 짝을 맞춘 벨크로를 회색 상자에 붙이고 그대로 닫으면 반대쪽의 알맞은 위치에 벨크로를 붙일 수 있어요. ※ 스퀴시 도안에는 회색 상자가 없는 경우도 있어요. 도안의 앞뒤를 다 사용하기 위함이니 상자가 없어도 양면테이프를 붙여주세요.
A / A+	붙임 상자	**A** 와 **A+** 를 서로 마주 보게 붙여요. 알파벳은 A부터 I까지 있으며 같은 알파벳끼리 붙이면 돼요. 붙임 상자의 경우 배경에 딱 붙어서 고정되어 있어야 하므로 접착력이 강한 종이 양면테이프를 사용하는 게 좋아요. ※ 하나의 도안 안에 붙여야 하는 부분이 많을 때는 알파벳과 함께 숫자도 적어두었어요. 숫자도 붙임 상자와 마찬가지로 ①과 ①+, ②와 ②+를 마주 보게 붙이세요.
(투명 그림)	투명 그림	그림에 해당하는 소품 도안을 붙이세요. 투명 그림의 위치에 해당하는 소품 도안을 붙여 배경을 완성해요.
(솜)	솜	솜을 넣어야 하는 부분이에요. 해당 기호가 맞닿도록 같은 그림의 도안을 겹쳐 테두리를 붙이고 도안 안쪽으로 솜을 넣어 스퀴시를 만들어요.

말랑띠부 종이놀이 준비하기

본격적으로 놀이를 시작하기 전에 미리 준비해야 하는 것들을 소개해요. 종이놀이에 꼭 필요한 〈캐릭터&머니북〉을 만들고, 소워니놀이터 친구들과도 가볍게 인사해요.

🧁 캐릭터&머니북

도안 95~152p

말랑띠부 종이놀이에 공통으로 사용되는 〈캐릭터&머니북〉 만드는 방법을 소개할게요. 캐릭터와 돈 도안은 잃어버리기 아주 쉬운데, 이렇게 〈캐릭터&머니북〉에 보관하면 잃어버릴 일도 없고 책 형식으로 되어있어서 놀이 후 정리하기도 수월해요. 캐릭터는 모든 놀이에 공통으로 사용되니 다른 도안을 만들기 전에 가장 먼저 만들어주세요.

1.

[캐릭터&머니북] 도안 오른쪽의 인덱스를 참고해 도안을 코팅하고 가위로 오려서 준비해요. 미니 포켓의 경우 회색 붙임 상자에 미리 종이 양면테이프를 붙여두어도 좋아요.

2.

[캐릭터]와 [동전과 지폐] 도안도 오른쪽의 인덱스를 참고해 도안을 코팅하고 가위로 오려서 준비해요.

3.

먼저 스퀴시북을 만들어볼게요. 잠금 도안 A와 뒤표지 도안 A+의 위치를 확인하고 얇은 투명테이프로 붙여요. 중간에 떨어지지 않게 꼼꼼하게 붙여요.

4.

도안을 뒤집어 맨 뒷면과 잠금 도안이 겹치는 부분에도 얇은 투명테이프를 붙여 고정해요.

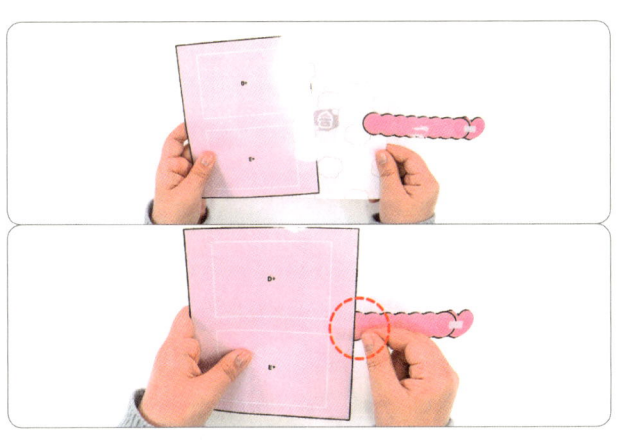

5.

잠금 도안을 연결한 뒤표지 도안과 D+, E+가 적혀있는 도안을 '솜' 표시가 있는 면끼리 맞닿도록 겹친 다음, 잠금 도안과 겹치는 부분에 얇은 투명테이프를 붙여 단단하게 고정해요.

6.

윗면의 솜구멍을 제외한 테두리를 얇은 투명테이프로 붙여요.

7.

솜구멍에 솜을 넣고 솜이 바깥으로 튀어나오지 않게 잘 정리해요.

TIP. 스퀴시에 들어가는 솜의 양은 따로 정하지 않았어요. 욕심을 부려 솜을 많이 넣으면 오히려 말랑말랑한 감촉을 느낄 수 없으니, 솜은 바깥으로 튀어나오지 않을 정도로만 적당히 넣어주세요.

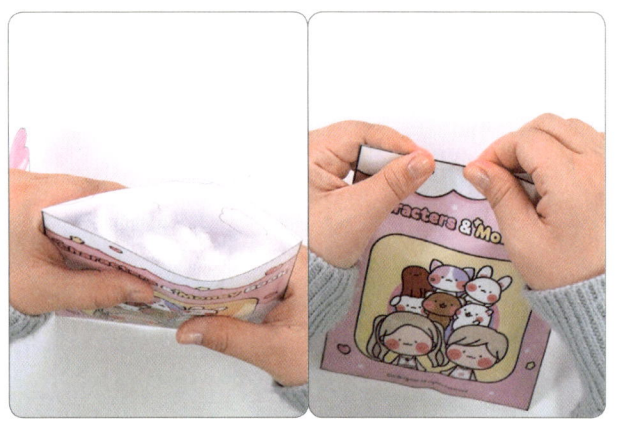

8.

얇은 투명테이프로 솜구멍을 막아 스퀴시를 만들어요.

TIP. 면적이 넓은 스퀴시에 솜을 넣을 때는 뭉쳐있는 솜을 충분히 풀어준 다음 넣어야 울퉁불퉁해지지 않고 잘 부풀어 스퀴시가 폭신폭신해져요.

9.

나머지 도안들도 같은 방법으로 스퀴시를 만들어요. 이번에는 잠금 도안이 없으니 순서에 맞게 2개씩 앞뒤로 겹쳐서 만들면 돼요.

TIP. 도안을 스퀴시로 만들 때 책에 수록된 도안의 순서대로 겹쳐서 만들어야 다음 과정을 쉽게 따라할 수 있어요.

10.

스퀴시를 연결해 책으로 만들어요. 앞표지 스퀴시와 뒤표지 스퀴시 사이에 연결 도안을 놓고 얇은 투명테이프를 붙여 연결해요. 이때 완성된 책의 모습을 생각하며 도안을 펼쳐 놓고 연결해요.

TIP. 도안과 도안 사이에 약간의 간격을 두고 붙여야 나중에 입체적으로 만들기 수월해요.

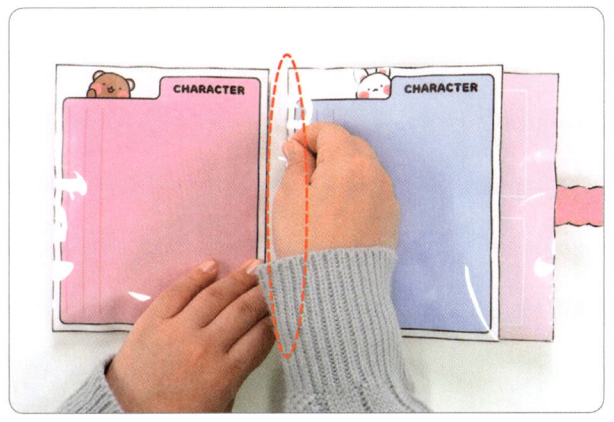

11.

연결 도안에 표시되어 있는 선에 맞춰서 스퀴시를 하나씩 연결해요. 먼저 첫 번째 선에 맞춰서 파란색 스퀴시를 붙여요.

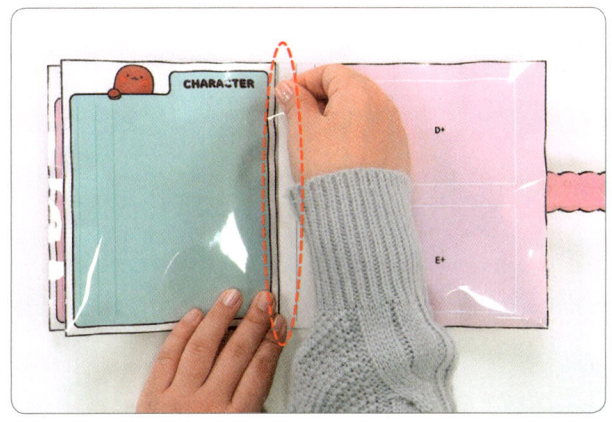

12.

방금 붙인 파란색 스퀴시를 옆으로 넘겨서 뒷면의 초록색 스퀴시에도 얇은 투명테이프를 붙여 연결 도안에 단단하게 연결해요.

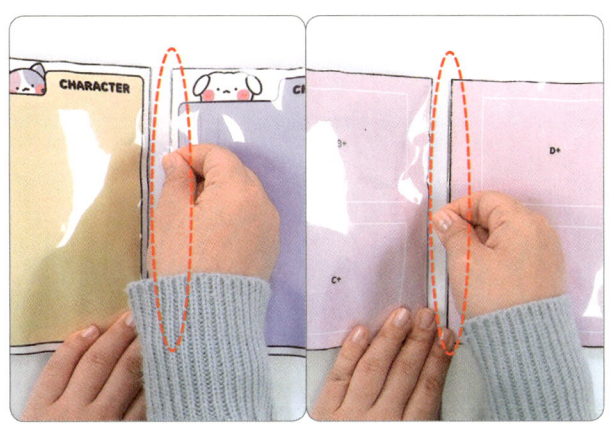

13.

같은 방법으로 모든 스퀴시를 연결 도안에 연결해요.

14.
스퀴시북을 뒤집어 연결 부분에 얇은 투명테이프를 붙여 더욱 튼튼하게 만들어요.

15.
스퀴시북을 입체적으로 접고 잠금 도안의 회색 상자에 벨크로를 붙여 여닫을 수 있도록 만들어요.

TIP. 벨크로 대신 풀테이프나 투명 양면테이프를 사용해도 좋아요.

16.
미니 포켓을 만들어요. 도안에 표시된 점선에 맞춰 위아래는 안쪽으로 접고, 양옆은 계단 모양으로 접어요.

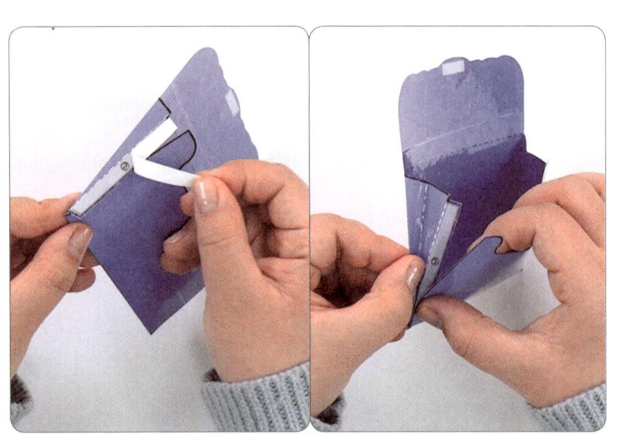

17.
양옆의 날개 부분에 붙인 양면테이프의 종이를 제거하고 ①과 ①+, ②와 ②+의 위치를 확인한 뒤 맞춰 붙여요.

18.
미니 포켓 덮개의 회색 상자에 벨크로를 붙여 포켓을 여닫을 수 있도록 만들어요.

TIP. 벨크로 대신 풀테이프나 투명 양면테이프를 사용해도 좋아요.

19.
나머지 도안들도 같은 방법으로 미니 포켓을 만들어요.

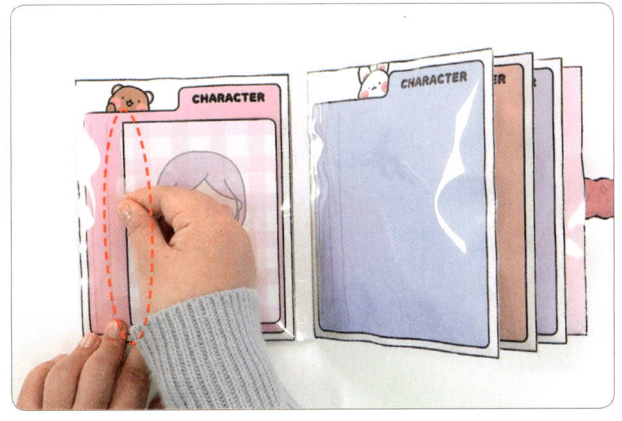

20.
〈캐릭터&머니북〉을 조립해요. 15번 과정에서 만든 스퀴시북을 펼치면 각 페이지의 왼쪽에 선이 세 개씩 그려져 있는데, 선에 맞춰 캐릭터 보관 도안을 정렬하고 도안의 왼쪽 면에만 얇은 투명테이프를 붙여 옆으로 넘기는 책과 같은 형태로 만들어요.

TIP. 캐릭터 보관 도안을 붙일 때는 가장 오른쪽에 있는 선부터 붙여야 그 위에 나머지 캐릭터 보관 도안을 붙이기 수월해요.

21.
한 페이지에 배경색이 같은 캐릭터 보관 도안을 세 개씩 붙여요.

22.

같은 방법으로 스퀴시북에 캐릭터 보관 도안을 전부 다 붙여요.

23.

이번에는 19번 과정에서 만든 미니 포켓을 스퀴시북에 붙여요. 미니 포켓 뒷면에 붙인 양면테이프의 종이를 제거하고 각 알파벳에 맞춰 붙여요.

24.

같은 방법으로 미니 포켓의 B, C, D, E와 스퀴시북의 B+, C+, D+, E+를 맞춰 붙여요.

25.
캐릭터 보관 도안의 투명 그림에 맞춰서 소워니, 시워니, 동물 친구들을 정리해요.

26.
미니 포켓에는 천원, 오천원, 만원, 오만원 지폐 도안과 백원, 오백원 동전 도안을 넣어서 정리해요.

27.
마지막으로 스퀴시북을 접어서 모양을 확인하면 〈캐릭터&머니북〉이 완성돼요! 캐릭터&머니북은 소워니놀이터와 함께하는 모든 종이놀이에 활용할 수 있어요.

🐻 소워니놀이터 친구들

소워니놀이터 친구들이에요. 친구들의 이름과 특징을 알고 있으면 놀이할 때 더욱 재미있게 놀 수 있겠죠. 서로의 이름을 불러주며 친하게 지내봐요.

소워니

소워니놀이터의 소워니♡

나이 : 8살
취미 : 역할놀이하기

〈좌우명〉
핑크는 사랑이다!

시워니

소워니의 남동생 시워니♡

나이 : 6살
취미 : 수집하기

〈좌우명〉
어떤 물건이든 쓸모가 있다!

통통한 볼살이 귀여운 햄찌♥

나이 : 4살
취미 : 해바라기씨 모으기

〈좌우명〉
맛있게 먹으면 0kcal

햄찌

당근을 좋아하는 토끼♥

나이 : 3살
취미 : 당근 농장 가꾸기

〈좌우명〉
자급자족 최고!

토꺵이

벌꿀에 진심인 곰♥

나이 : 4살
취미 : 꿀벌 옷 입기

〈좌우명〉
인생은 달콤해!

토토

소워니놀이터 구독자 애칭, 소워니 시워니 지킴이♥

나이 : 1살
취미 : 소워니놀이터 영상 보기

〈좌우명〉
소워니놀이터는 내가 지킨다!

소시지

솜사탕을 닮은 순수한 강아지♡

나이 : 3살
취미 : 사진 찍기

〈좌우명〉
남는 건 사진이다!

몽실

최고 요리사 고양이♡

나이 : 4살
취미 : 신메뉴 만들기

〈좌우명〉
음식을 남기지 말자!

냥냥

※ 주의하세요!

1. 도안을 자를 때는 가위와 칼을 사용해야 하므로 다치지 않게 조심하세요.
2. 아이들이 작은 종잇조각을 입에 가져가거나 삼키지 않도록 주의를 기울여 주세요.
3. 만드는 방법이 헷갈린다면 QR코드를 찍어 영상으로 확인하세요. 지면상 책에 상세하게 수록하지 못한 부분이 있으니 영상으로 확인하면 조금 더 이해하기 쉬울 거예요.
4. 소워니놀이터 시리즈의 대표 놀이 도안을 합치는 과정에서 사진과 영상의 순서가 조금씩 다를 수 있어요. 만드는 방법은 동일하니 걱정하지 마세요!

※ 이렇게 놀아요!

1. '띠부띠부 가게놀이'를 할 때는 서로 역할을 정해 놀아요. 원하는 물건을 담으며 **숫자놀이**도 하고, 물건을 사고팔면서 **경제 관념**도 익혀요.
2. '띠부띠부 직업놀이'를 할 때는 다양한 직업을 간접적으로 체험하면서 **직업에 대한 이해도**를 높여요. 놀이하면서 **장래희망**도 찾아보세요.
3. '말랑말랑 스퀴시'를 만들 때는 말랑말랑한 촉감에 집중하세요. 자연스럽게 **스트레스가 해소**돼요. 또한 평면인 도안을 입체적으로 조립하는 과정을 상상하면서 **공간지각능력**을 키울 수 있어요.
4. 종이를 오리고 붙이는 과정은 아이들의 **소근육 발달**에 많은 도움이 돼요. 될 수 있으면 아이와 함께 만들거나, 아이가 스스로 만들 수 있도록 응원해주세요. 아이가 직접 만들면 **만족감과 성취감**을 느껴 자신감 넘치는 아이가 될 거예요.

PART 2
말랑띠부 종이놀이
튜토리얼

도안을 활용해 말랑띠부 종이놀이 만드는 방법을 소개할게요. 만드는 방법은 아주 간단해요. 원하는 도안을 선택하고 - 코팅하고 - 양면테이프를 붙이고 - 가위로 자르고 - 튜토리얼을 확인하며 조립하면 돼요. 말랑띠부 모음집에는 1탄 가게놀이와 2탄 직업놀이, 3탄 스퀴시의 인기 도안과 모음집에서만 만날 수 있는 미공개 도안이 한 권에 모두 담겨있어요. 튜토리얼을 확인하며 재미있는 종이놀이를 만들어보세요.

달콤함이 듬뿍, 디저트 가게

달콤한 캔디, 말랑말랑 젤리곰, 폭신폭신 머핀, 달콤쫀득 마카롱.
어서 오세요~ 달콤함이 가득한 디저트 가게입니다.

 # HOW TO MAKE

도안 153~162p

1.

[디저트 가게] 도안 오른쪽의 인덱스를 참고해 도안을 코팅하고 양면테이프를 붙인 다음 가위로 오려서 준비해요. 소품에 양면테이프를 붙일 때는 쇼케이스 도안은 종이 양면테이프를, 그 밖의 소품은 투명 양면테이프를 붙여요.

TIP. 코팅하기 전에 가게 이름을 먼저 적어요.

2.

먼저 장바구니를 만들어요. 손잡이 안쪽을 칼로 오린 다음 도안의 앞면과 뒷면을 겹쳐서 잘 맞춰요. 입체감을 주기 위해 손잡이와 장바구니의 윗부분은 비대칭으로 만들었으니 장바구니의 아랫면을 기준으로 맞추는 것이 좋아요.

TIP. 칼을 사용할 때는 손을 다칠 수 있으니 엄마가 대신 오려주세요.

3.

장바구니의 양옆과 아래쪽 테두리에 얇은 투명테이프를 붙여 입체감을 줘요. 장바구니 안쪽에 물건을 넣어야 하니 맨 윗부분과 손잡이는 붙이지 않아요.

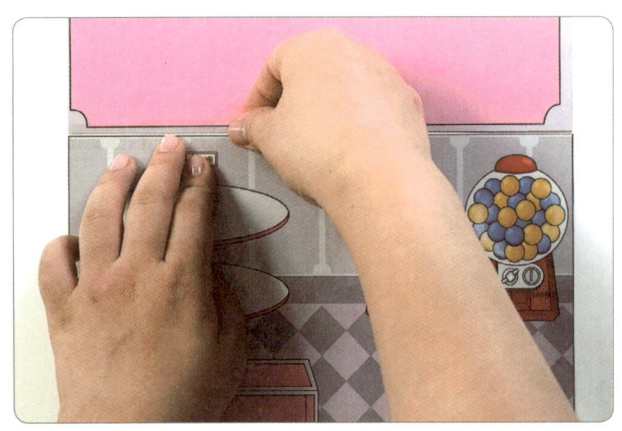

4.

디저트 가게 배경판을 만들어요. 간판 도안과 배경 도안을 위아래로 정렬한 뒤 약간의 간격을 두고 얇은 투명테이프를 붙여 연결해요.

TIP. 간판 도안과 배경 도안을 연결할 때는 도안이 열리고 닫히는 모습을 생각하면서 붙여요. 이때 두 개의 도안 사이에 약간의 간격이 있어야 잘 접혀요.

5.

배경 도안의 아래쪽에 바닥 도안을 정렬한 뒤 4번 과정과 같은 방법으로 붙여 연결해요.

6.

연결한 바닥 도안을 위로 접은 다음, 회색 상자에 투명 양면테이프를 붙여서 여닫을 수 있도록 만들어요.

TIP. 투명 양면테이프 대신 풀테이프나 벨크로를 붙여도 좋아요.

7.

쇼케이스 도안에 붙인 양면테이프의 종이를 제거하고, 쇼케이스의 A와 배경 도안의 A+의 위치를 확인한 뒤 맞춰 붙여요.

TIP. 쇼케이스는 배경에 딱 붙어서 고정되어 있어야 하므로 접착력이 강한 종이 양면테이프를 사용해요.

8.
배경 도안에 적힌 이름에 맞춰 디저트와 소품들을 정리해요.

9.
〈캐릭터&머니북〉에서 원하는 모습의 소워니와 시워니를 골라 옷을 입히고 모자를 씌워 디저트 가게 주인으로 변신해요.

10.
동물 친구들과 함께 디저트 가게 놀이를 즐겨요. 친구들이 장바구니에 디저트를 담아오면 돈 도안을 활용해 계산하면서 놀아요.

외식하는 날엔, 초밥 가게

평소와는 다른 음식을 먹고 싶을 때, 외식 메뉴로 초밥은 어때요?
다양한 종류의 초밥이 있어서 골라 먹는 재미가 있어요.

HOW TO MAKE

도안 163~174p

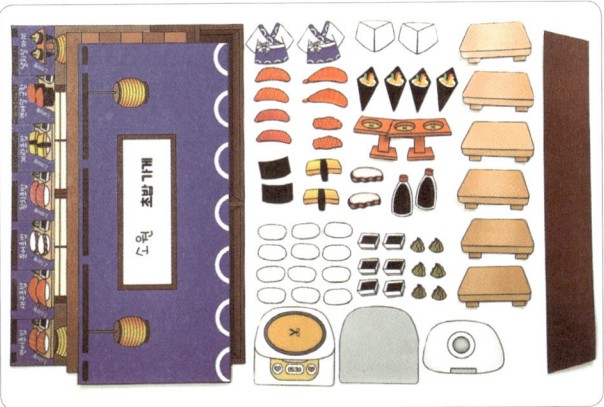

1.

[초밥 가게] 도안 오른쪽의 인덱스를 참고해 도안을 코팅하고 양면테이프를 붙인 다음 가위로 오려서 준비해요. 소품에 양면테이프를 붙일 때는 테이블 도안은 종이 양면테이프를, 그 밖의 소품은 투명 양면테이프를 붙여요.

TIP. 코팅하기 전에 가게 이름을 먼저 적어요.

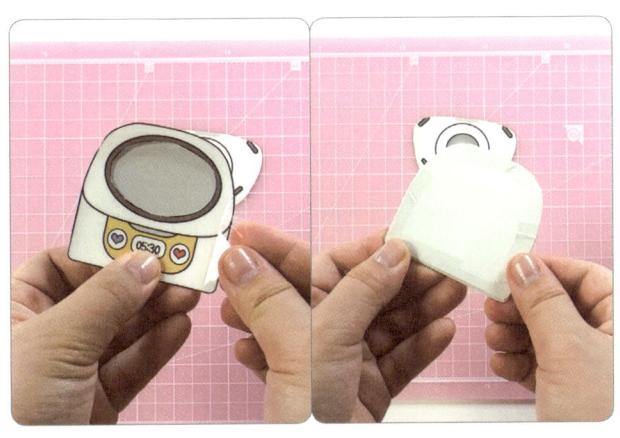

2.

먼저 밥솥을 만들어요. 밥솥 앞면에 가위 표시가 있는 부분을 칼로 동그랗게 오려내고, 뒷면과 겹친 다음 테두리에 얇은 투명테이프를 붙여 입체감을 줘요.

TIP. 칼을 사용할 때는 손을 다칠 수 있으니 엄마가 대신 오려주세요.

3.

2번 과정에서 만든 밥솥 몸체에 뚜껑을 연결해요. 뚜껑이 열리고 닫히는 모습을 생각하며 얇은 투명테이프를 붙여 연결하고, 열리는 부분의 회색 상자에는 투명 양면테이프를 붙여 뚜껑을 여닫을 수 있도록 만들어요.

TIP. 투명테이프로 연결한 다음 도안 바깥으로 튀어나오는 부분을 가위로 자르면 훨씬 깔끔하게 완성할 수 있어요.

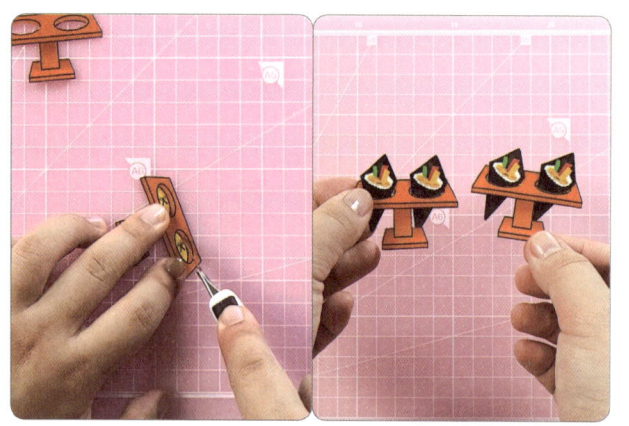

4.

마끼 초밥을 만들어요. 받침대의 가위 표시가 있는 부분을 칼로 동그랗게 오려내고, 날치알 마끼를 꽂아 준비해요.

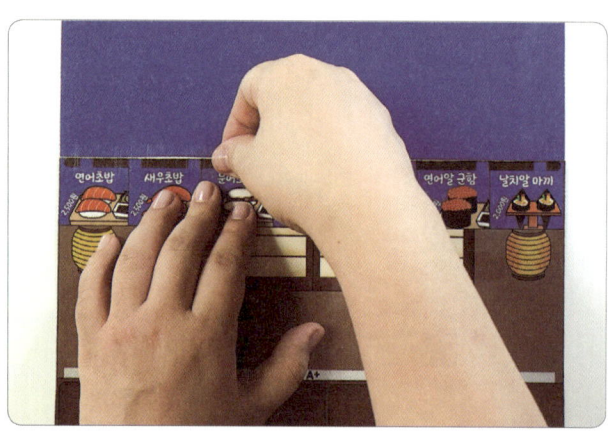

5.

초밥 가게 배경판을 만들어요. 간판 도안과 배경 도안을 위아래로 정렬한 뒤 약간의 간격을 두고 얇은 투명테이프를 붙여 연결해요.

TIP. 간판 도안과 배경 도안을 연결할 때는 도안이 열리고 닫히는 모습을 생각하면서 붙여요. 이때 두 개의 도안 사이에 약간의 간격이 있어야 잘 접혀요.

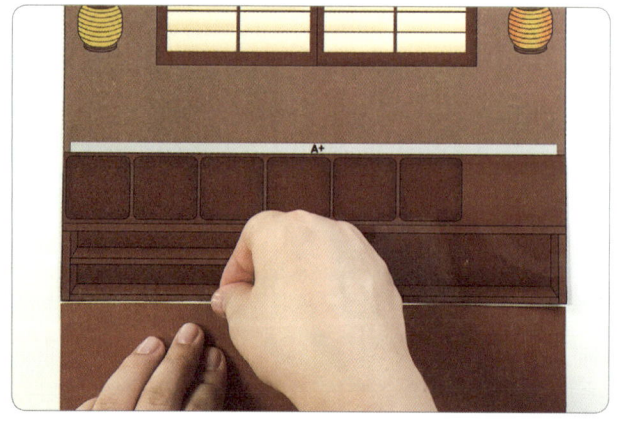

6.

배경 도안의 아래쪽에 바닥 도안을 정렬한 뒤 5번 과정과 같은 방법으로 붙여 연결해요.

7.

연결한 바닥 도안을 위로 접은 다음, 회색 상자에 투명 양면테이프를 붙여서 여닫을 수 있도록 만들어요.

TIP. 투명 양면테이프 대신 풀테이프나 벨크로를 붙여도 좋아요.

8.

테이블 도안에 붙인 양면테이프의 종이를 제거하고, 테이블의 A와 배경 도안의 A+의 위치를 확인한 뒤 맞춰 붙여요.

TIP. 테이블은 배경에 딱 붙어서 고정되어 있어야 하므로 접착력이 강한 종이 양면테이프를 사용해요.

9.

사진을 참고해서 배경 도안에 초밥과 소품들을 정리해요. 이때 밥은 밥솥 안에 넣어주세요.

10.

〈캐릭터&머니북〉에서 원하는 모습의 소워니와 시워니를 골라 옷을 입히고 모자를 씌워 초밥 가게 주인으로 변신해요.

11.

동물 친구들과 함께 초밥 가게 놀이를 즐겨요. 친구들이 주문한 대로 초밥을 만들고 돈 도안을 활용해 계산하면서 놀아요.

향기로운 꽃향기가 가득, 꽃집

꽃 선물은 평범한 날을 특별하게 만들어주는 마법을 가지고 있어요.
향기 가득한 꽃 선물을 위해 꽃집에 방문해볼까요?
꽃이 마법같은 하루를 선물할 거예요.

 # HOW TO MAKE

도안 175~184p

1.

[꽃집] 도안 오른쪽의 인덱스를 참고해 도안을 코팅하고 양면테이프를 붙인 다음 가위로 오려서 준비해요. 소품에 양면테이프를 붙일 때는 계산대 도안은 종이 양면테이프를, 그 밖의 소품은 투명 양면테이프를 붙여요.

2.

유성매직이나 네임펜으로 간판과 계산대에 꽃집의 이름을 적어요.

TIP. 이번에는 코팅한 다음에 가게 이름을 적었어요. 쉽게 지워지지 않도록 유성펜으로 이름을 적고, 나중에 아세톤을 사용해 지우면 가게 이름을 바꿔가며 놀이할 수 있어요.

3.

간판 도안과 배경 도안을 위아래로 정렬한 뒤 약간의 간격을 두고 얇은 투명테이프를 붙여 연결해요.

TIP. 간판 도안과 배경 도안을 연결할 때는 도안이 열리고 닫히는 모습을 생각하면서 붙여요. 이때 두 개의 도안 사이에 약간의 간격이 있어야 잘 접혀요.

4.

배경 도안의 아래쪽에 바닥 도안을 정렬한 뒤 3번 과정과 같은 방법으로 붙여 연결해요.

5.

연결한 바닥 도안을 위로 접은 다음, 회색 상자에 풀테이프를 붙여서 여닫을 수 있도록 만들어요.

TIP. 풀테이프 대신 투명 양면테이프나 벨크로를 붙여도 좋아요.

6.

계산대 도안에 붙인 양면테이프의 종이를 제거하고, 계산대의 A와 배경 도안의 A+의 위치를 확인한 뒤 맞춰 붙여요.

TIP. 계산대는 배경에 딱 붙어서 고정되어 있어야 하므로 접착력이 강한 종이 양면테이프를 사용해요.

7.

사진을 참고해서 배경 도안에 소품들을 정리해요.

8.

〈캐릭터&머니북〉에서 원하는 모습의 소워니와 시워니를 골라 옷을 입히고 모자를 씌워 꽃집 주인으로 변신해요.

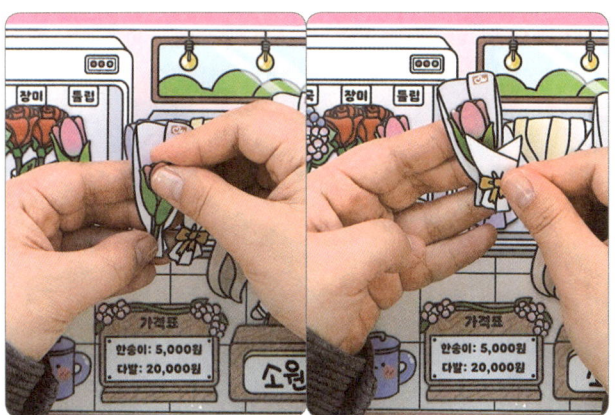

9.

포장지 뒷면 도안 위에 꽃을 놓고 포장지 앞면 도안을 겹치면 예쁜 꽃다발을 만들 수 있어요.

10.

동물 친구들과 함께 꽃집 놀이를 즐겨요. 친구들이 요청한 대로 꽃다발을 만들고 돈 도안을 활용해 계산하면서 놀아요.

귀여운 아기들을 돌봐요!
어린이집 선생님

바쁜 엄마 아빠 대신 귀여운 아기들을 돌봐요.
낮잠도 재우고, 우유도 먹이고, 함께 놀아주면서 아기들과 함께해요.

HOW TO MAKE

도안 185~198p

1.

[어린이집 선생님] 도안 오른쪽의 인덱스를 참고해 도안을 코팅하고 양면테이프를 붙인 다음 가위로 오려서 준비해요. 소품에 양면테이프를 붙일 때는 책상과 미끄럼틀, 볼풀장 도안은 종이 양면테이프를, 그 밖의 소품은 투명 양면테이프를 붙여요.

2.

어린이집 선생님 도안책을 만들어요. 1번 도안의 뒷면과 2번 도안의 앞면을 양옆으로 나란히 정렬한 다음 약간의 간격을 두고 얇은 투명테이프를 붙여 연결해요. 같은 방법으로 3번과 4번 도안도 연결해요.

TIP. 도안을 책처럼 넘기는 모습을 생각하며 붙여요. 이때 두 개의 도안 사이에 약간의 간격이 있어야 잘 접혀요.

3.

도안책을 완전히 접은 다음 정렬하고, 왼쪽 책등에 얇은 투명테이프를 붙여 튼튼하게 만들어요.

4.

〈교실〉 배경 도안에 책상을 붙여요. 책상 도안에 붙인 양면테이프의 종이를 제거하고, 책상의 A와 배경 도안의 A+의 위치를 확인한 뒤 맞춰 붙여요.

TIP. 책상은 배경에 딱 붙어서 고정되어 있어야 하므로 접착력이 강한 종이 양면테이프를 사용해요.

5.

같은 방법으로 책상의 B, C와 배경 도안의 B+, C+를 맞춰 붙여요.

6.

〈놀이방〉 배경 도안에 미끄럼틀을 붙여요. 미끄럼틀 도안에 붙인 양면테이프의 종이를 제거하고, 미끄럼틀 도안의 D와 배경 도안의 D+의 위치를 확인한 뒤 맞춰 붙여요.

7.

볼풀장도 붙여요. 볼풀장 도안에 붙인 양면테이프의 종이를 제거하고, 볼풀장 도안의 E와 배경 도안의 E+의 위치를 확인한 뒤 맞춰 붙여요.

8.
〈소품 정리 페이지〉의 투명 그림에 맞게 옷과 소품들을 붙여 정리해요.

9.
소품 정리 페이지에 붙일 자리가 없는 소품은 사진을 참고해 배경에 어울리게 붙여요.

10.
〈캐릭터&머니북〉에서 원하는 모습의 소워니를 선택해 옷을 입히고 머리띠를 씌워 어린이집 선생님으로 변신해요. 아기들도 옷을 입히고 어린이집에 갈 준비를 해요.

11.
아기들을 먹이고 재우고 아기들과 함께 놀아주며 어린이집 선생님이 되어보세요.

강아지를 너무 사랑해요! 애견 미용사

애견 미용은 단순히 강아지를 예쁘게 꾸며주는 것에서 그치지 않아요.
미용을 통해 털을 다듬고 깨끗하게 씻겨 건강도 지켜줄 수 있어요.

HOW TO MAKE

도안 199~208p

1.

[애견 미용사] 도안 오른쪽의 인덱스를 참고해 도안을 코팅하고 양면테이프를 붙인 다음 가위로 오려서 준비해요. 소품에 양면테이프를 붙일 때는 샤워기 헤드와 수도꼭지 도안은 종이 양면테이프를, 그 밖의 소품은 투명 양면테이프를 붙여요. 샤워기를 만들 때 필요한 마스크 끈도 미리 준비해요.

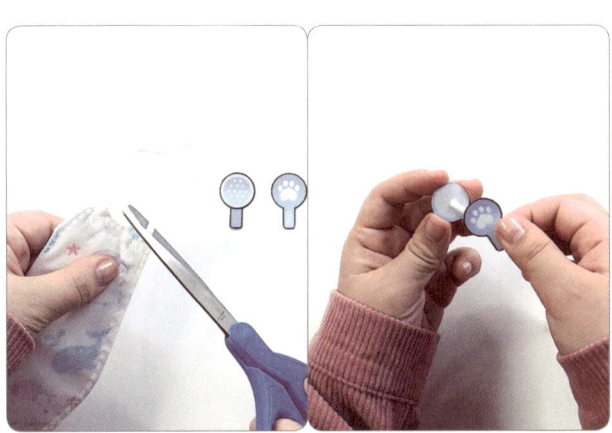

2.

먼저 샤워기를 만들어요. 마스크 끈을 적당한 길이로 자르고, 샤워기 헤드 도안에 붙인 양면테이프의 종이를 양쪽 다 제거한 다음 마스크 끈의 한쪽 끝을 그 사이에 겹쳐 붙여요.

TIP. 사용하고 버릴 예정인 마스크 끈을 잘라서 사용해요. 마스크 끈 말고 다른 끈을 사용해도 좋지만 그럴 경우 신축성이 있는 끈을 사용해주세요.

3.

애견 미용사 도안책을 만들어요. 1번 도안의 뒷면과 2번 도안의 앞면을 양옆으로 나란히 정렬한 다음 약간의 간격을 두고 얇은 투명테이프를 붙여 연결해요. 같은 방법으로 3번 도안도 연결해요.

TIP. 도안을 책처럼 넘기는 모습을 생각하며 붙여요. 이때 두 개의 도안 사이에 약간의 간격이 있어야 잘 접혀요.

4.
도안책을 완전히 접은 다음 정렬하고, 왼쪽 책등에 얇은 투명테이프를 붙여 튼튼하게 만들어요.

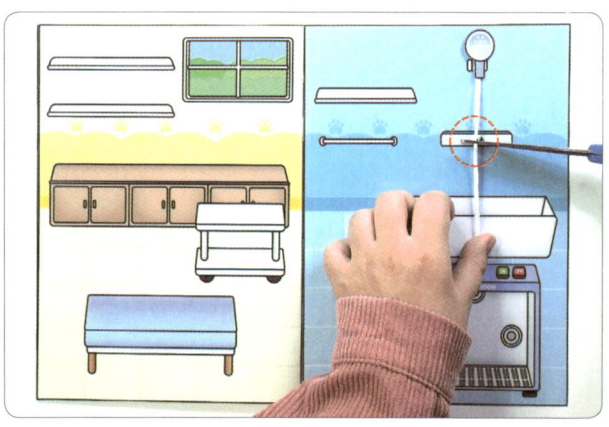

5.
〈샤워실〉 배경 도안에 샤워기를 붙여요. 2번 과정에서 만든 샤워기 헤드를 먼저 붙이고 A+의 위치에 맞게 마스크 끈을 잘라요.

6.
수도꼭지 도안에 붙인 양면테이프의 종이를 제거하고, 수도꼭지의 A와 배경 도안의 A+의 위치를 확인한 뒤 맞춰 붙여요. 이때 마스크 끈 위로 수도꼭지를 붙여야 샤워기가 고정돼요.

TIP. 수도꼭지는 배경에 딱 붙어서 고정되어 있어야 하므로 접착력이 강한 종이 양면테이프를 사용해요.

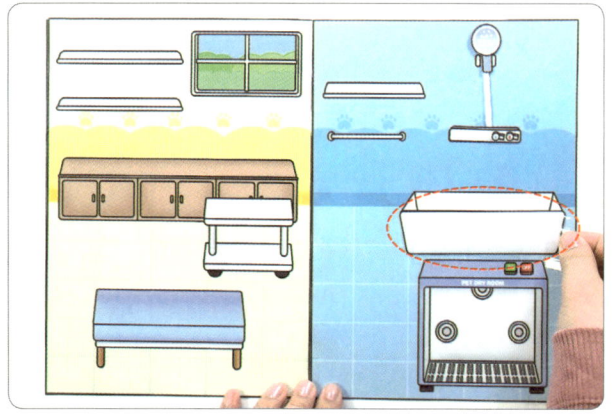

7.
욕조를 배경에 맞춰 배치하고 양옆과 아래에 얇은 투명테이프를 붙여 입체감을 줘요.

TIP. 욕조의 위쪽에는 강아지가 들어가야 하니 테이프를 붙이지 않아요.

8.

〈소품 정리 페이지〉의 투명 그림에 맞게 옷과 소품, 강아지들을 붙여 정리해요.

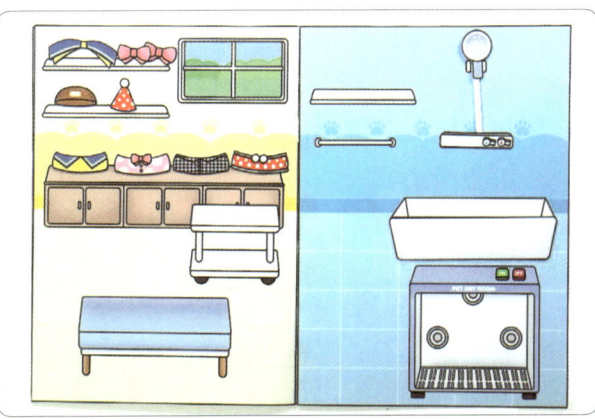

9.

소품 정리 페이지에 붙일 자리가 없는 소품은 사진을 참고해 배경에 어울리게 붙여요.

10.

〈캐릭터&머니북〉에서 원하는 모습의 소워니와 시워니를 선택해 옷을 입혀 애견 미용사로 변신해요.

11.

강아지의 털도 자르고, 목욕도 시키고, 옷도 입혀주며 애견 미용사가 되어보세요.

세계 곳곳으로 안내해요!
비행기 기장 & 승무원

 전 세계로 우리를 데려다줄 비행기 기장, 서비스를 담당하는 승무원, 안전을 책임질 보안검색요원까지. 많은 사람의 도움 덕분에 즐거운 여행을 떠날 수 있어요.

HOW TO MAKE

도안 209~228p

1.

[비행기 기장 & 승무원] 도안 오른쪽의 인덱스를 참고해 도안을 코팅하고 양면테이프를 붙인 다음 가위로 오려서 준비해요.

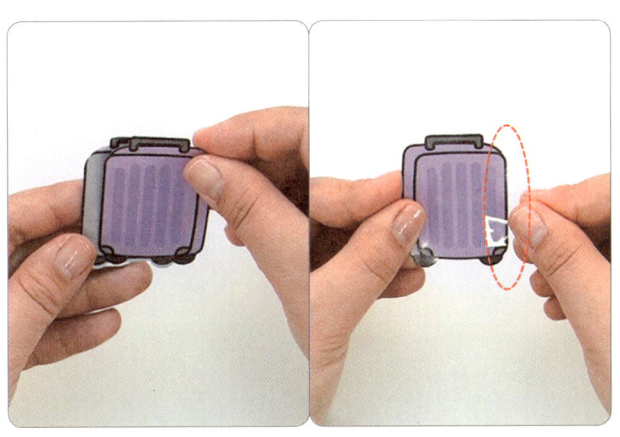

2.

먼저 캐리어 가방을 만들어요. 같은 색의 캐리어 가방 도안 두 장을 회색의 안쪽 면이 맞닿도록 겹친 다음 한쪽 테두리에만 얇은 투명테이프를 붙여 연결해요.

3.

캐리어 가방을 펼쳐서 안쪽의 연결 부분에도 얇은 투명테이프를 붙여요. 그다음 가방이 열리는 부분의 회색 상자에 투명 양면테이프를 붙여 여닫을 수 있도록 만들어요.

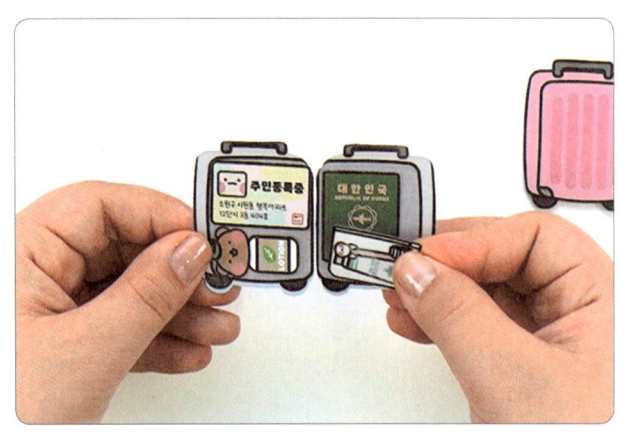

4.
캐리어 가방 안에 주민등록증과 여권, 로션, 칫솔&치약을 담아요.

5.
비행기 기장 & 승무원 도안책을 만들어요. 1번 도안의 뒷면과 2번 도안의 앞면을 양옆으로 나란히 정렬한 다음 약간의 간격을 두고 얇은 투명테이프를 붙여 연결해요.

TIP. 도안을 책처럼 넘기는 모습을 생각하며 붙여요. 이때 두 개의 도안 사이에 약간의 간격이 있어야 잘 접혀요.

6.
같은 방법으로 3번, 4번, 5번 도안도 연결해요. 책장이 넘어가는 순서를 생각하며 연결하는 게 중요해요.

7.
도안책을 완전히 접은 다음 정렬하고, 왼쪽 책등에 얇은 투명테이프를 붙여 튼튼하게 만들어요.

8.

〈보안검색〉 배경 도안에 검색대 도안을 붙여요. 컨베이어 벨트 위에 검색대 도안을 올리고 도안 아래쪽으로 가방이 지나갈 수 있도록 양옆에만 얇은 투명테이프를 붙여요.

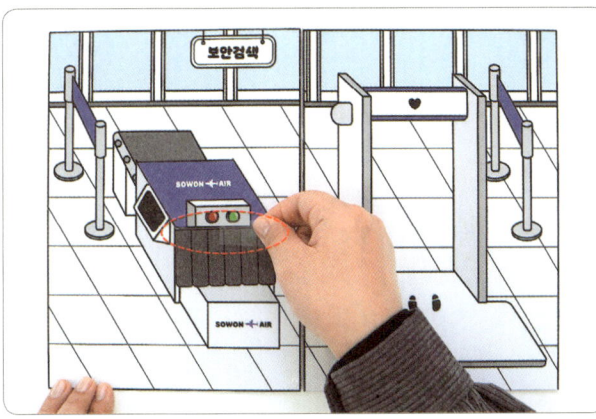

9.

가방이 나오는 부분에는 가림막 도안을 붙여요. 마찬가지로 가방이 지나가야 하므로 이번에는 가림막 도안의 윗면에만 얇은 투명테이프를 붙여요.

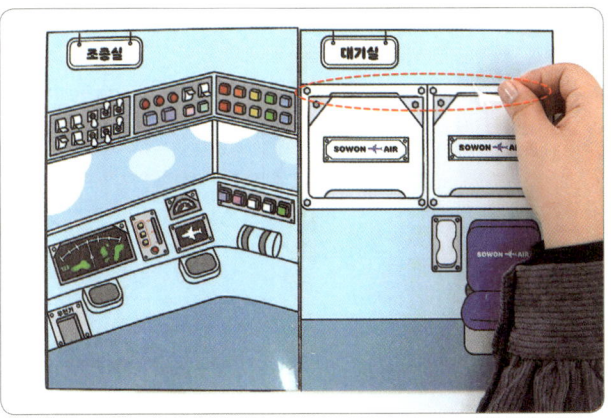

10.

〈대기실〉 배경 도안에 기내식 보관함의 문을 붙여요. 배경에 맞춰 문을 배치하고 윗면에만 얇은 투명테이프를 붙여서 위아래로 여닫을 수 있도록 연결해요.

11.

〈화장실〉 배경 도안에 화장실 문을 붙여요. 배경에 맞춰 화장실 문을 배치하고 왼쪽에만 얇은 투명테이프를 붙여서 좌우로 여닫을 수 있도록 연결해요.

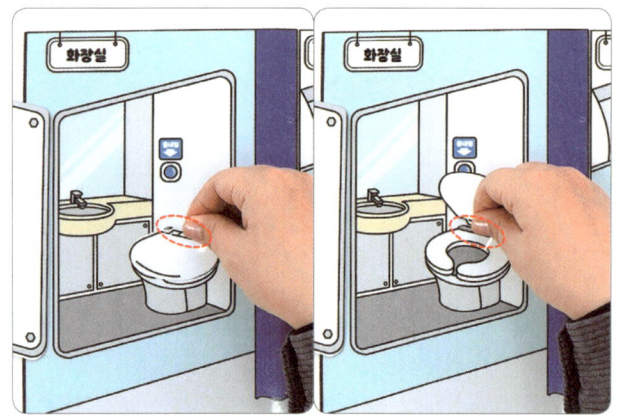

12.
변기 뚜껑은 배경에 맞춰 배치하고 윗면에 얇은 투명테이프를 붙여 연결한 다음, 뚜껑을 열어서 안쪽 연결 부분에도 투명테이프를 붙여요.

13.
〈객실〉 배경 도안에 짐칸 문을 붙여요. 배경에 맞춰 짐칸 문을 배치하고 윗면에만 얇은 투명테이프를 붙여서 위아래로 여닫을 수 있도록 연결해요.

14.
〈소품 정리 페이지〉의 투명 그림에 맞게 옷과 소품들을 붙여 정리해요.

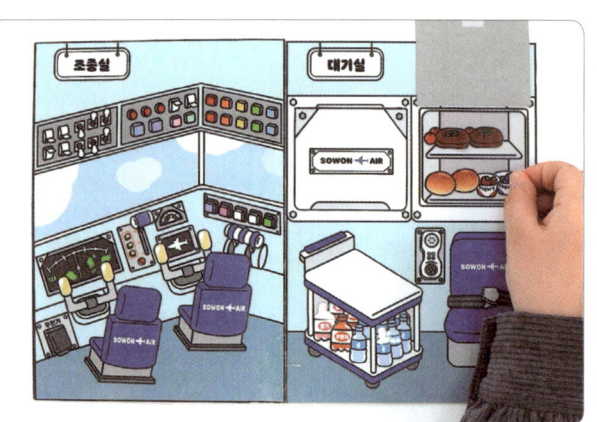

15.
소품 정리 페이지에 붙일 자리가 없는 소품은 사진을 참고해 배경에 어울리게 붙여서 정리해요. 〈대기실〉의 첫 번째 기내식 보관함에는 그릇을 넣고, 두 번째 기내식 보관함에는 음식을 넣어요.

16.
사진을 참고해 〈객실〉에도 안전벨트와 테이블을 배경에 어울리게 붙여서 정리해요.

17.
〈캐릭터&머니북〉에서 원하는 모습의 소워니와 시워니를 선택해 옷을 입히고 소지품을 챙겨 비행기 기장, 보안검색요원, 승무원, 승객으로 변신해요.

18.
여행을 떠나기 전 보안검색대에서 승객들을 상대로 출국검사를 하는 보안검색요원이 되어보세요.

19.
기내에서는 비행기 조종을 하는 기장도 되어보고, 승객에게 기내식을 주는 승무원도 되어보세요.

따르릉~ 여보세요, 토깽이 핸드폰

짜잔! 저 핸드폰 바꿨어요.
핸드폰 배경은 물론 위젯도 다양하고 꾸미기 스티커도 있어서 내가 원하는 대로 꾸밀 수 있어요.
제 새로운 핸드폰 구경하실래요?

따르릉~
여보세요?

HOW TO MAKE

도안 229~236p

1.

[토깽이 핸드폰] 도안 오른쪽의 인덱스를 참고해 도안을 코팅하고 가위로 오려서 준비해요. 이때 띠부띠부 도안은 코팅 후 양면테이프를 붙인 다음 오려요.

2.

먼저 핸드폰 본체 스퀴시를 만들어요. 핸드폰을 여닫을 때 그림이 정방향으로 보이도록 바닥에 도안을 평면으로 펼쳐 위치를 잡고 얇은 투명테이프를 붙여 연결해요. 이때 도안과 도안 사이에 약간의 간격을 두고 붙여야 나중에 입체적으로 만들기 수월해요.

TIP. 처음에 도안을 평면으로 펼쳐두고 작업을 하면 붙이기 수월할 뿐만 아니라, 어디에 어떤 도안이 이어지는지 미리 가늠할 수 있어서 실수할 일이 적어요.

3.

평면의 도안을 입체적으로 만들어요. 윗면의 솜구멍을 제외한 모든 테두리를 얇은 투명테이프로 붙여 입체감을 살려요.

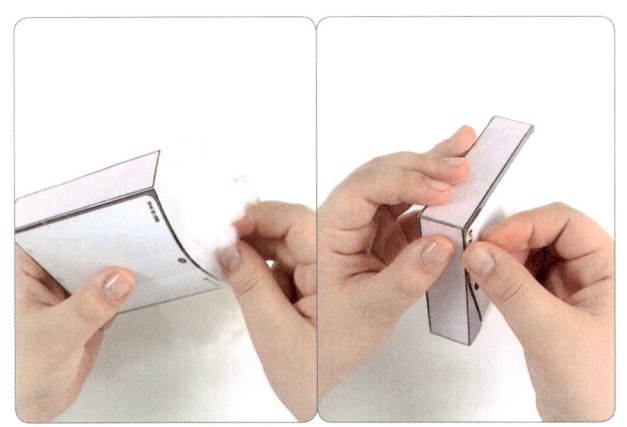

4.

3번 과정에서 붙이지 않은 솜구멍에 솜을 넣어요. 솜이 바깥으로 튀어나오지 않게 잘 정리한 다음 얇은 투명테이프로 테두리를 붙여 윗면을 막아요.

5.

같은 방법으로 나머지 반쪽의 핸드폰 본체도 입체 스퀴시로 만들어요.

6.

5번 과정에서 만든 핸드폰 본체와 위젯 보관 도안을 준비해요.

7.

핸드폰 본체 위에 가장 큰 위젯 보관 도안을 올리고 윗부분에만 얇은 투명테이프를 붙여 연결해요.

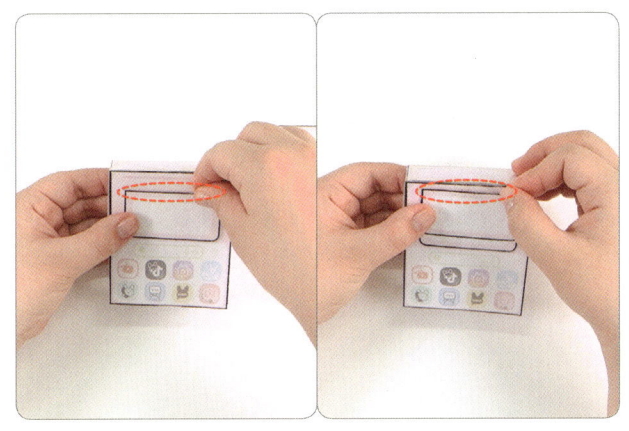

8.

큰 위젯 보관 도안 상단의 분홍색 안내선에 맞춰 작은 위젯 보관 도안을 윗부분만 붙여요. 두 개 다 윗부분에만 얇은 투명테이프를 붙여서 한 장씩 넘기는 형태로 만들어요.

TIP. 아래쪽 선부터 붙여야 투명테이프를 붙이기 수월해요.

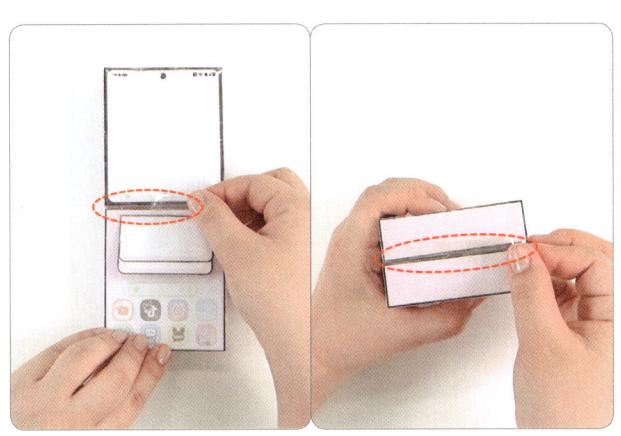

9.

핸드폰 본체 두 개를 연결해요. 4번 과정과 8번 과정의 스퀴시를 위아래로 나란히 두고 얇은 투명테이프로 사이를 붙여 연결해요. 핸드폰을 반으로 접어 바깥쪽의 연결 부분에도 얇은 투명테이프를 붙여 더 튼튼하게 만들어요.

10.

핸드폰의 투명 그림에 맞춰서 띠부띠부 도안의 위젯과 스티커를 정리해요.

11.

위젯과 스티커를 사용해 내 마음대로 핸드폰을 꾸미면서 놀아요!

# 폭신폭신 아기자기, 인형 가게

말랑말랑 아기자기한 인형이 선반 가득 놓여 있어요.
소워니와 시워니가 한 땀씩 열심히 만들어서 그런지 훨씬 더 귀여워요.
친구들에게 인형을 판매하면서 가게 놀이까지 함께 즐겨보세요.

어서오세요.
다양한 인형을
구경하고 가세요!

HOW TO MAKE

도안 237~252p

1.

[인형 가게] 도안 오른쪽의 인덱스를 참고해 도안을 코팅하고 가위로 오려서 준비해요. 이때 계산대 도안은 코팅 후 종이 양면테이프를 붙인 다음 오려요.

2.

먼저 인형 스퀴시를 만들어요. 같은 모양의 인형 도안을 '솜' 표시가 있는 면끼리 맞닿도록 겹쳐요.

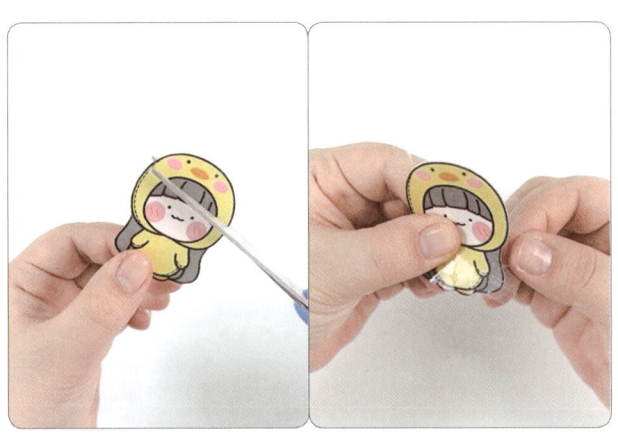

3.

겹친 도안의 테두리를 따라 얇은 투명테이프를 붙이고 가위집을 넣어 곡선에 맞게 하나씩 뒤로 접어가며 붙여요. 솜구멍을 조금만 남긴 채 테두리를 전부 붙여요.

TIP. 인형 스퀴시는 크기도 작고 곡선도 많아서 만들기 쉽지 않을 거예요. 곡선을 붙일 때 얇은 투명테이프에 가위집을 넣어 곡선에 맞게 하나씩 접어가며 붙이면 깔끔하게 붙일 수 있어요.

4.

솜구멍에 솜을 넣고 솜이 바깥으로 튀어나오지 않게 잘 정리한 다음, 얇은 투명테이프로 솜구멍을 막아 스퀴시를 만들어요.

TIP. 솜구멍이 작아 손가락으로 솜을 넣기 힘들다면 연필이나 젓가락 등 얇고 긴 막대를 이용해 넣어도 좋아요.

5.

같은 방법으로 다른 인형 도안들도 스퀴시로 만들어요.

6.

인형 가게 스퀴시북을 만들어요. 먼저 잠금 도안 B와 뒤표지 도안 B+의 위치를 확인하고 얇은 투명테이프로 붙여요. 중간에 떨어지지 않게 꼼꼼하게 붙여요.

7.

도안을 뒤집어 맨 뒷면과 잠금 도안이 겹치는 부분에도 얇은 투명테이프를 붙여 고정해요.

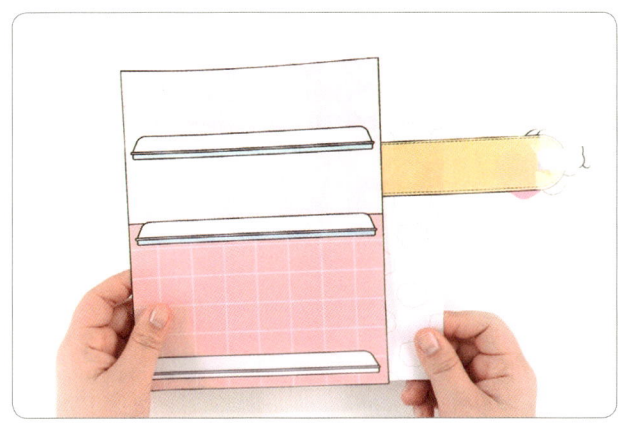

8.
잠금 도안을 연결한 뒤표지 도안과 선반이 있는 3번 도안을 겹쳐요. '솜' 표시가 있는 면끼리 맞닿도록 겹친 다음, 윗면의 솜구멍을 제외한 테두리를 얇은 투명테이프로 붙여요.

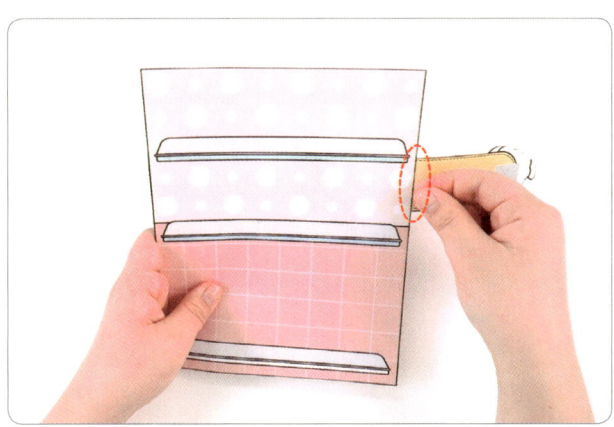

9.
잠금 도안과 겹치는 부분에도 얇은 투명테이프를 붙여 단단하게 고정해요.

10.
8번 과정에서 붙이지 않은 솜구멍에 솜을 넣고 솜이 바깥으로 튀어나오지 않게 잘 정리해요.

TIP. 면적이 넓은 스퀴시에 솜을 넣을 때는 뭉쳐있는 솜을 충분히 풀어준 다음 넣어야 울퉁불퉁해지지 않고 잘 부풀어 스퀴시가 폭신폭신해져요.

11.
얇은 투명테이프로 솜구멍을 막아 스퀴시를 만들어요.

12.

나머지 도안도 같은 방법으로 스퀴시를 만들어요. 1번과 2번 도안을 '솜' 표시가 있는 면끼리 맞닿도록 겹쳐 붙이면 돼요.

13.

앞서 만든 두 개의 스퀴시를 연결해 책으로 만들어요. 스퀴시를 순서대로 놓고 사이에 연결 도안을 놓은 다음 얇은 투명테이프를 붙여 연결해요.

TIP. 도안과 도안 사이에 약간의 간격을 두고 붙여야 나중에 입체적으로 만들 때 수월해요.

14.

스퀴시북을 뒤집어 뒷면의 연결 부분에도 똑같이 얇은 투명테이프를 붙여 더욱 튼튼하게 만들어요.

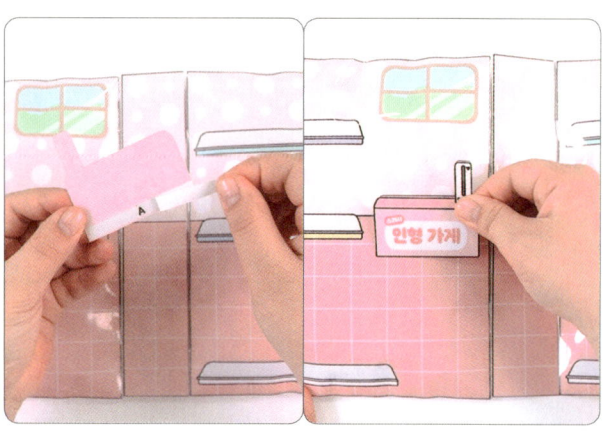

15.

〈인형 가게〉 배경 도안에 계산대를 붙여요. 계산대 도안에 붙인 양면테이프의 종이를 제거하고, 계산대의 A와 배경 도안의 A+의 위치를 확인한 뒤 맞춰 붙여요.

TIP. 계산대는 배경에 딱 붙어서 고정되어 있어야 하므로 접착력이 강한 종이 양면테이프를 사용해요.

16.

5번 과정에서 만든 인형 스퀴시에 풀테이프를 붙인 다음 진열대에 붙여서 정리해요.

TIP. 스퀴시는 앞뒤를 다 사용하기 때문에 따로 회색 상자를 넣지 않았어요. 회색 상자가 없어도 인형 스퀴시에 풀테이프를 붙여 놀이해요.

TIP. 풀테이프 대신 투명 양면테이프를 사용해도 좋아요.

17.

스퀴시북을 입체적으로 접고 잠금 도안의 회색 상자에 벨크로를 붙여 여닫을 수 있도록 만들어요.

TIP. 벨크로 대신 풀테이프나 투명 양면테이프를 사용해도 좋아요.

18.

소워니와 시워니까지 자리를 잡으면 인형 가게 놀이 준비 끝! 인형을 구매하고 카드로 계산하며 놀이해요.

말랑말랑 시원한, 음료수 자판기

동전을 넣고 시원한 음료수를 뽑아요.
음료수의 종류가 아주 다양해서 뽑는 재미도 있고, 만지면 말랑말랑해서 기분도 좋아져요.

땡그랑~ 동전 하나에,
시원한 음료수 하나요!

HOW TO MAKE

도안 253~276p

1.

[음료수 자판기] 도안 오른쪽의 인덱스를 참고해 도안을 코팅하고 가위로 오려서 준비해요.

2.

먼저 음료수 스퀴시를 만들어요. 같은 모양의 음료수 도안을 '솜' 표시가 있는 면끼리 맞닿도록 겹쳐요.

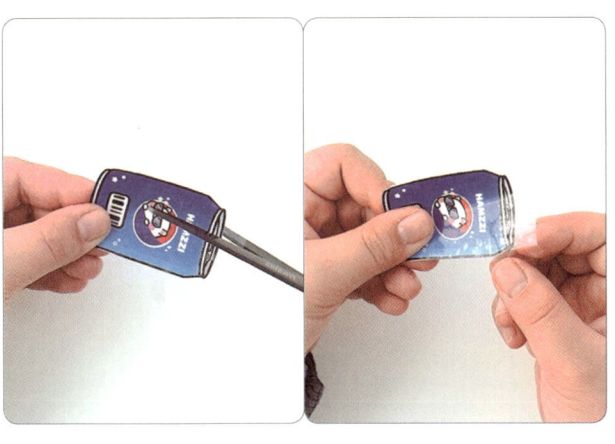

3.

겹친 도안의 테두리를 따라 얇은 투명테이프를 붙여요. 곡선에는 가위집을 넣어 하나씩 뒤로 접어가며 붙이면 돼요. 솜구멍을 조금만 남긴 채 테두리를 전부 붙여요.

TIP. 음료수 스퀴시는 크기가 작아서 만들기 쉽지 않을 거예요. 곡선을 붙일 때 얇은 투명테이프에 가위집을 넣어 곡선에 맞게 하나씩 접어가며 붙이면 깔끔하게 붙일 수 있어요.

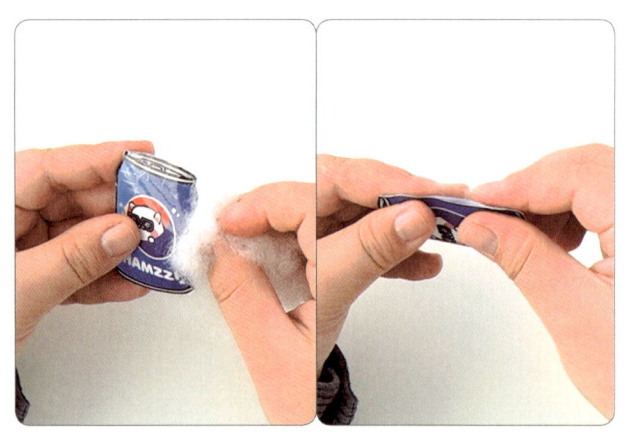

4.

솜구멍에 솜을 넣고 솜이 바깥으로 튀어나오지 않게 잘 정리한 다음, 얇은 투명테이프로 솜구멍을 막아 스퀴시를 만들어요.

TIP. 솜구멍이 작아 손가락으로 솜을 넣기 힘들다면 연필이나 젓가락 등 얇고 긴 막대를 이용해 넣어도 좋아요.

5.

같은 방법으로 다른 음료수 도안들도 스퀴시로 만들어요.

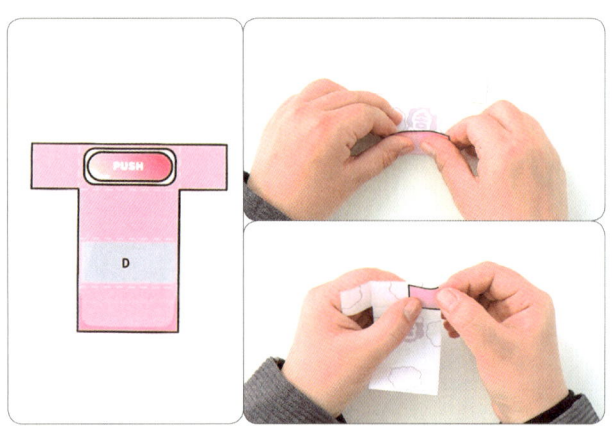

6.

자판기 버튼 스퀴시를 만들어요. 도안을 점선에 맞춰 접어요.

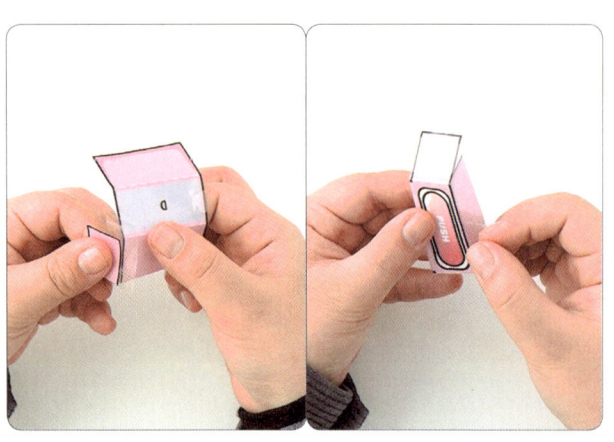

7.

평면의 도안을 입체적으로 만들어요. 접은 선을 따라 솜구멍을 제외한 모든 테두리를 얇은 투명테이프로 붙여 입체감을 살려요.

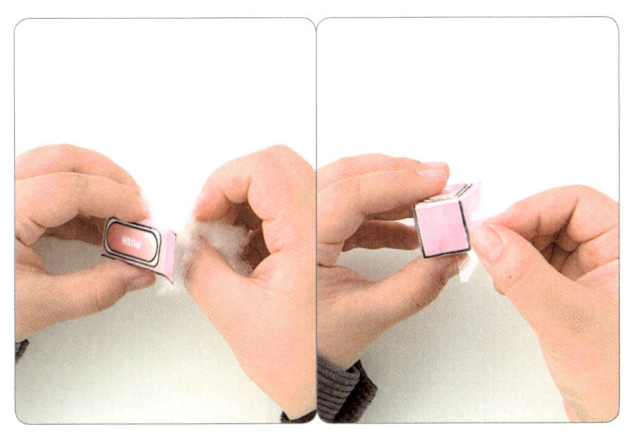

8.
솜구멍에 솜을 넣어요. 솜이 바깥으로 튀어나오지 않게 잘 정리한 다음 얇은 투명테이프로 테두리를 붙여 솜구멍을 막아요.

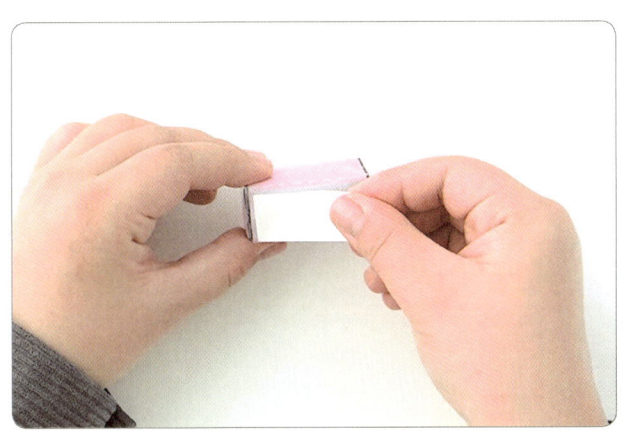

9.
자판기 버튼 스퀴시의 회색 상자에 종이 양면테이프를 붙여요.

> **TIP.** 자판기 버튼은 배경에 딱 붙어서 고정되어 있어야 하므로 접착력이 강한 종이 양면테이프를 사용해요.

10.
같은 방법으로 나머지 자판기 버튼들도 스퀴시로 만들어요.

11.
자판기의 하부를 만들어요. 사진과 같이 도안을 평면으로 펼쳐 위치를 잡고 얇은 투명테이프를 붙여 연결해요. 이때 도안과 도안 사이에 약간의 간격을 두고 붙여야 나중에 입체적으로 만들기 쉬워요.

> **TIP.** 처음에 도안을 평면으로 펼쳐두고 작업을 하면 붙이기 수월할 뿐만 아니라, 어디에 어떤 도안이 이어지는지 미리 가늠할 수 있어서 실수할 일이 적어요.

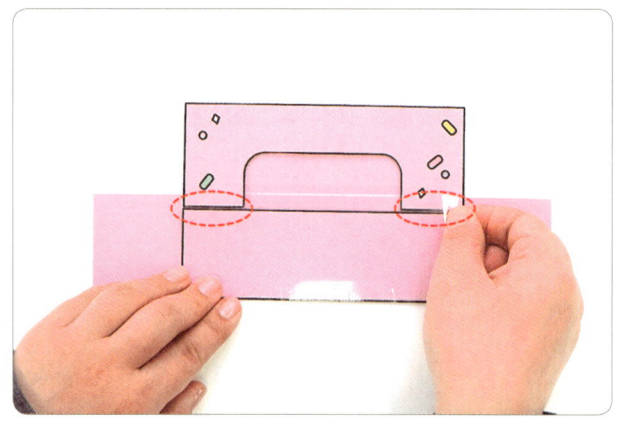

12.

연결한 도안을 뒤집고, 사진과 같이 위아래를 접어서 맞닿는 부분에 얇은 투명테이프를 붙여 연결해요.

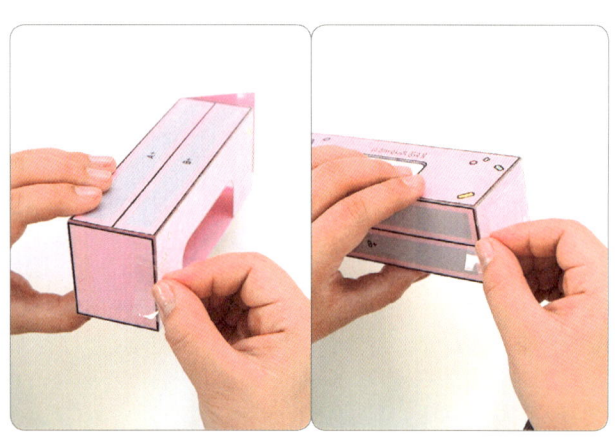

13.

평면의 도안을 입체적으로 만들어요. 도안을 세워 양옆의 테두리를 모두 얇은 투명테이프로 붙여요.

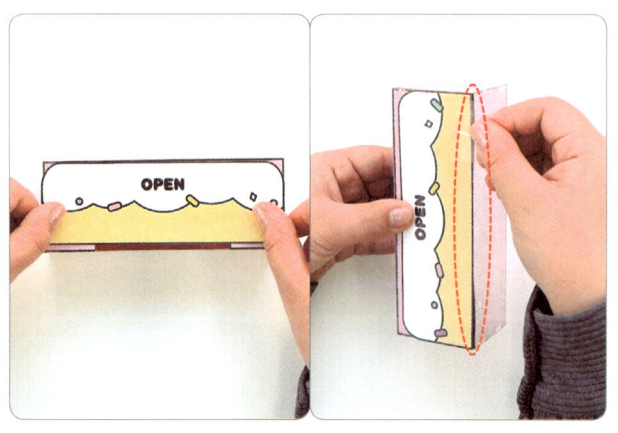

14.

동전 꺼내는 곳에 OPEN 도안을 놓고 아랫면에만 얇은 투명테이프를 붙여 연결해요.

15.

OPEN 도안의 회색 상자에 벨크로를 붙여 여닫을 수 있도록 만들어요.

TIP. 벨크로 대신 풀테이프나 투명 양면테이프를 사용해도 좋아요.

16.
자판기 문 도안을 만들어요. 자판기 문과 잠금 도안을 사진과 같이 두고 얇은 투명테이프를 붙여 연결해요.

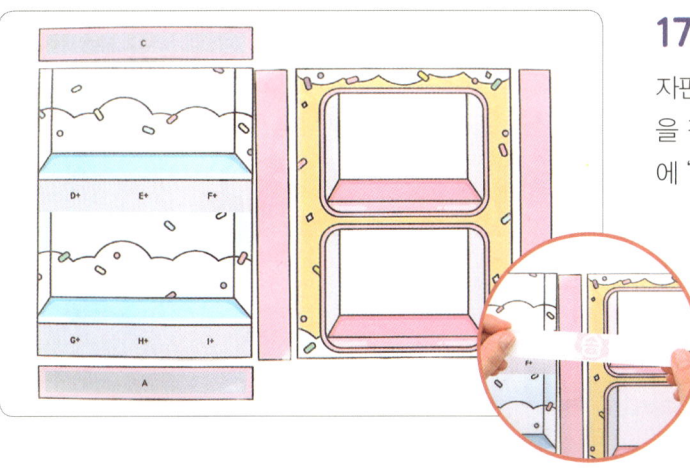

17.
자판기 본체 스퀴시를 만들어요. 먼저 사진과 같이 도안을 평면으로 펼쳐 위치를 잡아요. 이때 옆면 도안은 뒷면에 '솜' 표시가 있는 도안을 사용해요.

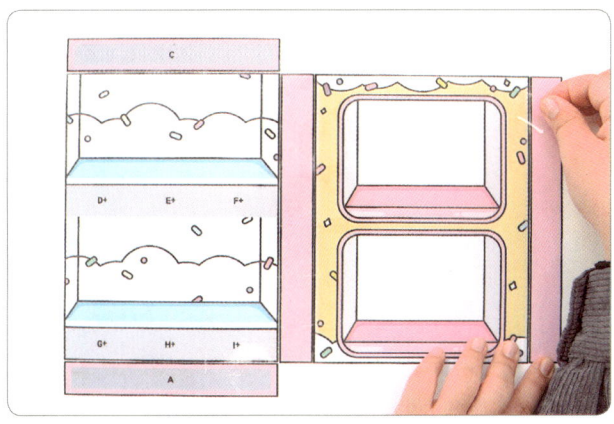

18.
위치를 잡은 그대로 얇은 투명테이프를 붙여 연결해요.

TIP. 도안과 도안 사이에 약간의 간격을 두고 붙여야 나중에 입체적으로 만들기 쉬워요.

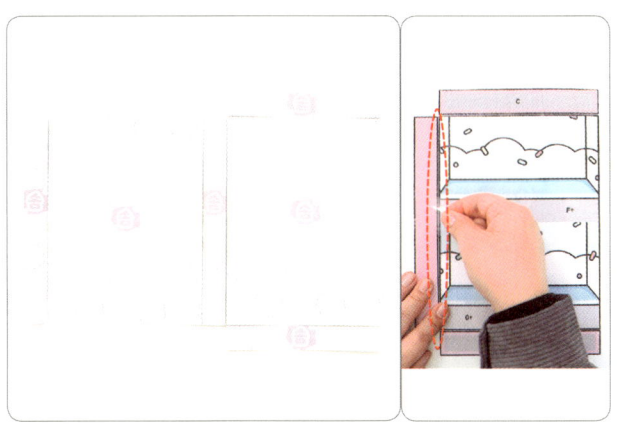

19.
연결한 도안을 뒤집고, 사진과 같이 양옆을 접어서 맞닿는 부분에 얇은 투명테이프를 붙여 연결해요.

20.
평면의 도안을 입체적으로 만들어요. 윗면의 솜구멍을 제외하고 아랫면의 테두리를 얇은 투명테이프로 붙여 입체감을 살려요.

21.
솜구멍에 솜을 넣어요. 솜이 바깥으로 튀어나오지 않게 잘 정리한 다음 얇은 투명테이프로 테두리를 붙여 윗면의 솜구멍을 막아요.

22.
21번 과정에서 만든 자판기 본체 스퀴시에 사진과 같이 옆면 도안을 평면으로 펼쳐 위치를 잡아요. 그다음 옆면 도안을 스퀴시 위에 올리고 모서리 부분에만 얇은 투명테이프를 붙여 연결해요.

23.
같은 방법으로 네 면의 모서리에 옆면 도안을 연결해요.

24.
옆면 도안을 위로 세워서 서로 맞닿는 모서리 네 곳을 얇은 투명테이프로 붙여 입체적으로 만들어요.

25.
자판기 본체 스퀴시를 옆으로 세워서 오른쪽 옆면 도안에 16번 과정에서 만든 자판기 문 도안을 나란히 두고 얇은 투명테이프를 붙여서 연결해요.

26.
자판기 문을 닫아 바깥쪽의 연결 부분에도 얇은 투명테이프를 붙여 더욱 튼튼하게 만들어요.

27.
자판기 문의 잠금 도안에 풀테이프를 붙여서 문을 좌우로 여닫을 수 있도록 만들어요.

TIP. 풀테이프 대신 투명 양면테이프나 벨크로를 사용해도 좋아요.

28.
자판기 상부 스퀴시를 만들어요. 사진과 같이 도안을 평면으로 펼쳐 위치를 잡고 얇은 투명테이프를 붙여 연결해요. 이때 도안과 도안 사이에 약간의 간격을 두고 붙여야 나중에 입체적으로 만들기 쉬워요.

29.
연결한 도안을 뒤집고, 사진과 같이 위아래를 접어서 맞닿는 부분에 얇은 투명테이프를 붙여 연결해요.

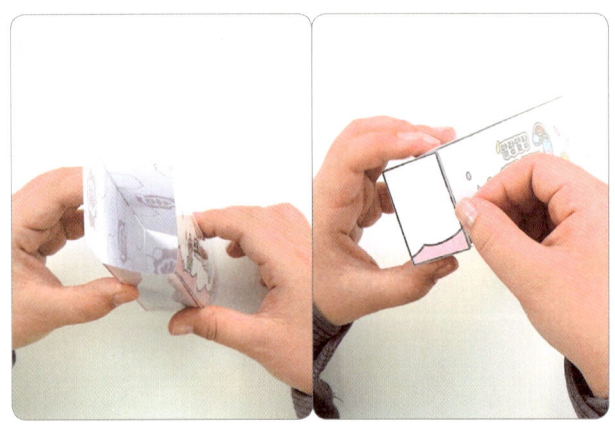

30.
평면의 도안을 입체적으로 만들어요. 솜구멍을 제외한 반대쪽 테두리를 얇은 투명테이프로 붙여 입체감을 살려요.

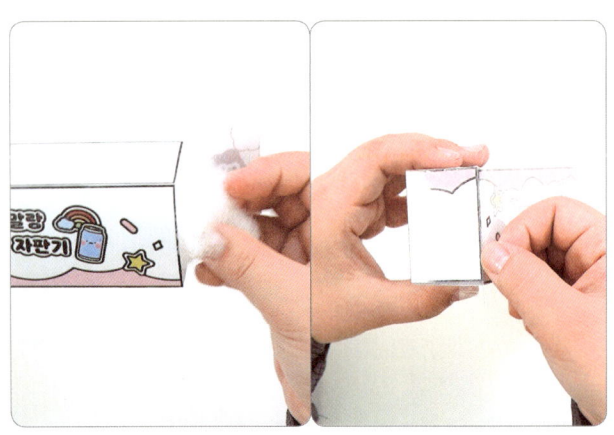

31.
솜구멍에 솜을 넣어요. 솜이 바깥으로 튀어나오지 않게 잘 정리한 다음 얇은 투명테이프로 테두리를 붙여 솜구멍을 막아요.

32.

음료수 자판기 스퀴시를 조립해요. 15번 과정에서 만든 자판기의 하부와 27번 과정에서 만든 본체 스퀴시를 붙여서 연결해요. 각 도안에 붙인 양면테이프의 종이를 제거하고, 본체의 A, B와 하부의 A+, B+의 위치를 확인한 뒤 맞춰 붙여요.

TIP. 자판기 하부는 스퀴시 본체에 딱 붙어서 고정되어 있어야 하므로 접착력이 강한 종이 양면테이프를 사용해요.

33.

같은 방법으로 31번 과정에서 만든 자판기 상부 스퀴시와 본체 스퀴시를 붙여서 연결해요. 각 도안에 붙인 양면테이프의 종이를 제거하고, 본체의 C와 상부의 C+의 위치를 확인한 뒤 맞춰 붙여요.

TIP. 자판기 상부 역시 스퀴시 본체에 딱 붙어서 고정되어 있어야 하므로 접착력이 강한 종이 양면테이프를 사용해요.

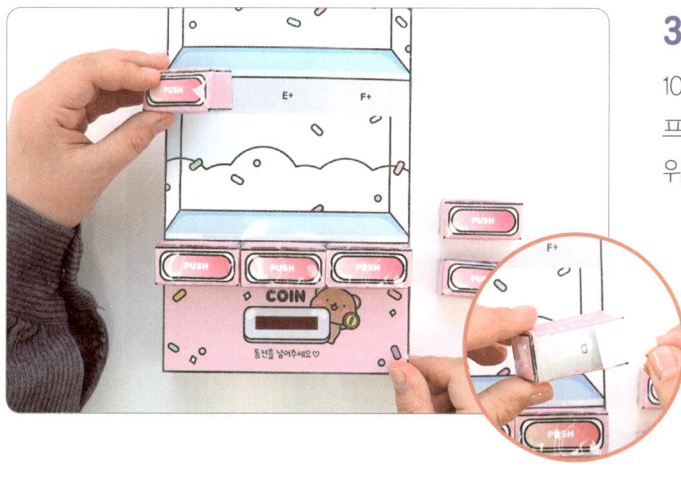

34.

10번 과정에서 만든 자판기 버튼 스퀴시에 붙인 양면테이프의 종이를 제거하고, 자판기 버튼의 D와 본체의 D+의 위치를 확인한 뒤 맞춰 붙여요.

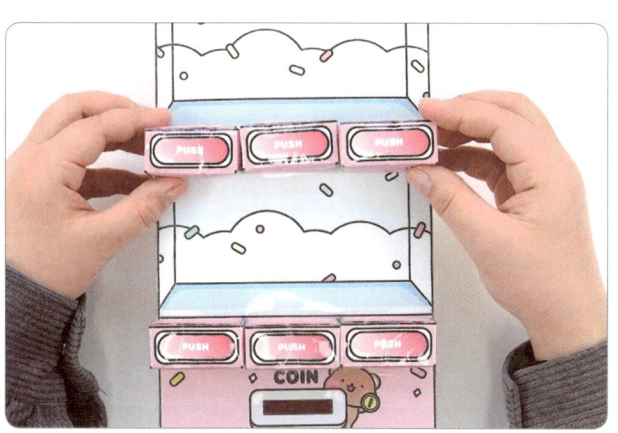

35.

같은 방법으로 자판기 버튼의 E, F, G, H, I와 본체의 E+, F+, G+, H+, I+의 위치를 확인한 뒤 맞춰 붙여요.

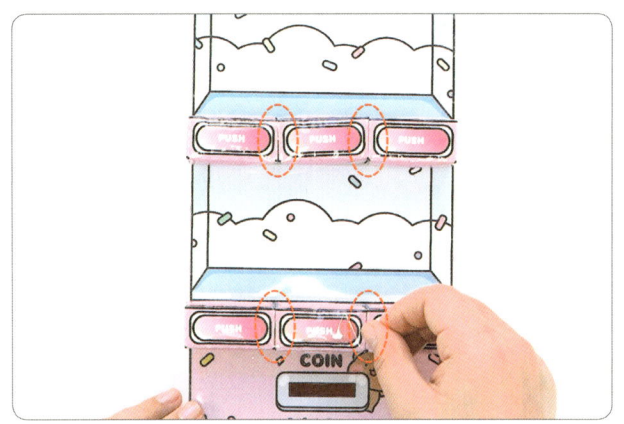

36.

자판기 버튼 스퀴시들의 사이에 얇은 투명테이프를 붙여 버튼들이 떨어지지 않고 서로 연결되어 단단히 고정되도록 만들어요.

37.

5번 과정에서 만든 음료수 스퀴시에 풀테이프를 붙여서 자판기 스퀴시에 정리해요.

TIP. 스퀴시는 앞뒤를 다 사용하기 때문에 따로 회색 상자를 넣지 않았어요. 회색 상자가 없어도 음료수 스퀴시에 풀테이프를 붙여 놀이해요.

TIP. 풀테이프 대신 투명 양면테이프를 사용해도 좋아요.

38.

남은 음료수 스퀴시는 뒷면의 보관함에 정리해요. 남은 스퀴시를 넣고 문을 닫으면 깔끔하게 보관할 수 있어요.

39.

자판기에 동전을 넣고 버튼을 눌러 음료수 스퀴시를 구매하며 놀이해요.

40.

놀이가 끝난 다음에는 뒷면의 OPEN 도안을 열어 동전을 꺼내면 돼요.

소워니놀이터 총정리, 텔레비전 스퀴시북

텔레비전에 내가 나왔으면 정말 좋겠네 ♬
메이크업 아티스트, 게이머, 기상캐스터, 선생님, 요리사. 오늘은 내가 바로 연예인이에요.

HOW TO MAKE

도안 277~328p

1.

[텔레비전 스퀴시북] 도안 오른쪽의 인덱스를 참고해 도안을 코팅하고 가위로 오려서 준비해요. 이때 〈예쁘냥TV〉와 〈냠냠TV〉의 테이블 도안은 코팅 후 종이 양면테이프를 붙인 다음 오려요.

2.

먼저 텔레비전 스퀴시를 만들어요. 앞표지 도안과 빨간색 도안을 '솜' 표시가 있는 면끼리 맞닿도록 겹친 다음, 솜 구멍을 제외한 테두리를 얇은 투명테이프로 붙여요.

3.

곡선이 있는 부분을 붙일 때는 얇은 투명테이프에 가위집을 넣어 곡선에 맞게 하나씩 접어가며 붙여요.

4.

솜구멍에 솜을 넣고 솜이 바깥으로 튀어나오지 않게 잘 정리한 다음 얇은 투명테이프로 솜구멍을 막아 스퀴시를 만들어요.

TIP. 면적이 넓은 스퀴시에 솜을 넣을 때는 뭉쳐있는 솜을 충분히 풀어준 다음 넣어야 울퉁불퉁해지지 않고 잘 부풀어 스퀴시가 폭신폭신해져요.

5.

같은 방법으로 나머지 도안들도 스퀴시로 만들어요.

TIP. 도안을 스퀴시로 만들 때 책에 수록된 도안의 순서대로 겹쳐서 만들어야 다음 과정을 쉽게 따라할 수 있어요.

6.

스퀴시를 연결해 책으로 만들어요. 먼저 빨간색 스퀴시(앞표지)와 보라색 스퀴시(뒤표지) 사이에 연결 도안을 놓고 얇은 투명테이프를 붙여 연결해요.

TIP. 도안과 도안 사이에 약간의 간격을 두고 붙여야 나중에 입체적으로 만들기 수월해요.

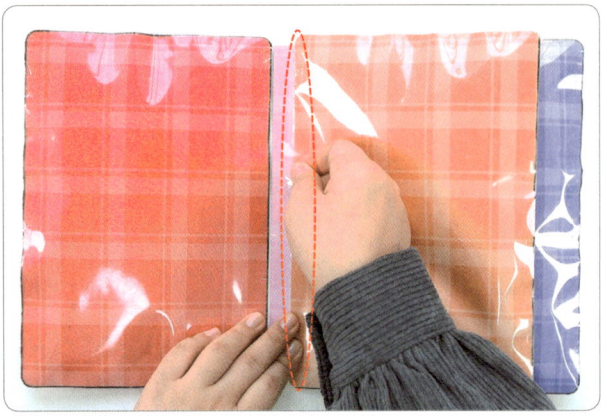

7.

연결 도안에 표시되어 있는 선에 맞춰서 스퀴시를 하나씩 연결해요. 먼저 첫 번째 선에 맞춰서 주황색 스퀴시를 붙여요.

8.

방금 붙인 주황색 스퀴시를 뒤로 넘겨서 뒷면의 노란색 스퀴시에도 얇은 투명테이프를 붙여 단단하게 연결해요.

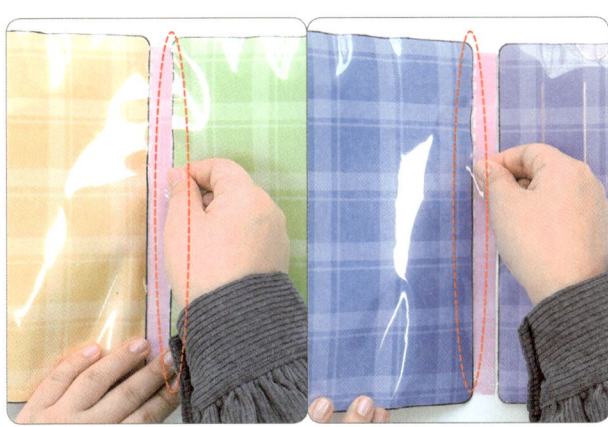

9.

같은 방법으로 초록/파란색 스퀴시도 앞뒤로 단단하게 연결해요.

10.

스퀴시북을 완성 형태로 접은 다음 바깥쪽 연결 부분에도 얇은 투명테이프를 붙여 더욱 튼튼하게 만들어요.

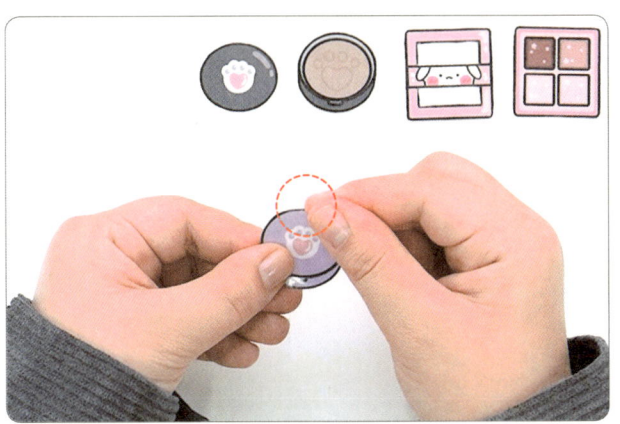

11.

〈예쁘냥TV〉 프로그램에 필요한 소품을 만들어요. 분홍색 파우더와 뚜껑을 모양에 맞게 겹치고 윗면에 얇은 투명테이프를 붙여 연결해요.

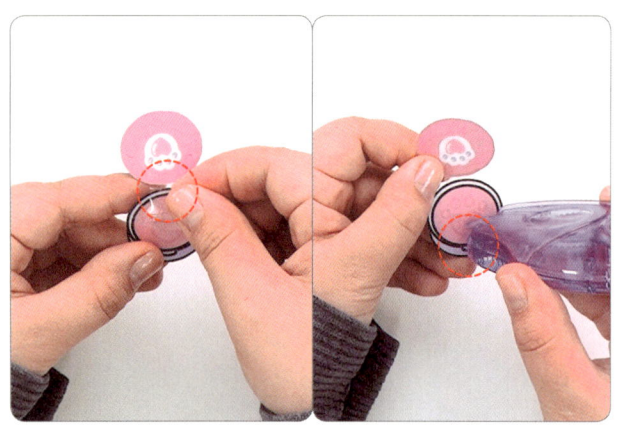

12.
뚜껑을 열어 안쪽에도 얇은 투명테이프를 붙이고 아래쪽에 풀테이프를 붙여 위아래로 여닫을 수 있도록 만들어요.

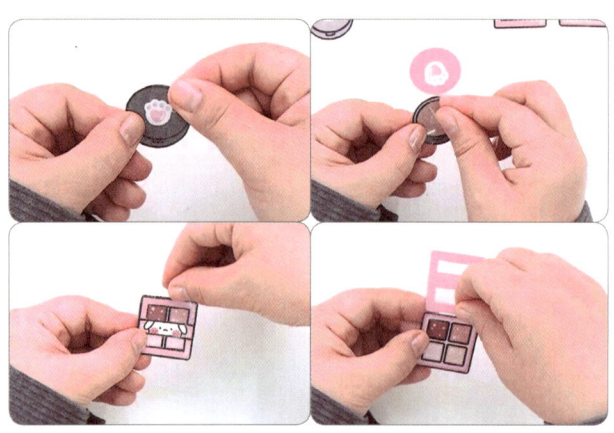

13.
같은 방법으로 갈색 파우더와 아이섀도 만들어요.

14.
테이블 도안에 붙인 양면테이프의 종이를 제거하고, 테이블의 A와 배경 도안의 A+의 위치를 확인한 뒤 맞춰 붙여요.

TIP. 테이블은 배경에 딱 붙어서 고정되어 있어야 하므로 접착력이 강한 종이 양면테이프를 사용해요.

15.
사진을 참고해서 배경 도안에 소품들을 정리해요.

16.
〈뽕뽕TV〉 프로그램을 만들어요. 사진을 참고해서 배경 도안에 소품들을 정리해요.

17.
〈날씨예보〉 프로그램을 만들어요. 배경 도안 오른쪽에 날씨 정리 도안을 붙여요. 먼저 가장 아래쪽의 파란색 선과 같은 색의 '비' 날씨 정리 도안을 선에 맞게 정렬한 뒤, 위쪽에만 얇은 투명테이프를 붙여 위아래로 넘길 수 있도록 연결해요.

TIP. 아래쪽 선부터 붙여야 투명테이프를 붙이기 편해요.

18.
같은 방법으로 가장 위쪽의 노란색 선과 '맑음' 날씨 정리 도안까지 붙여요.

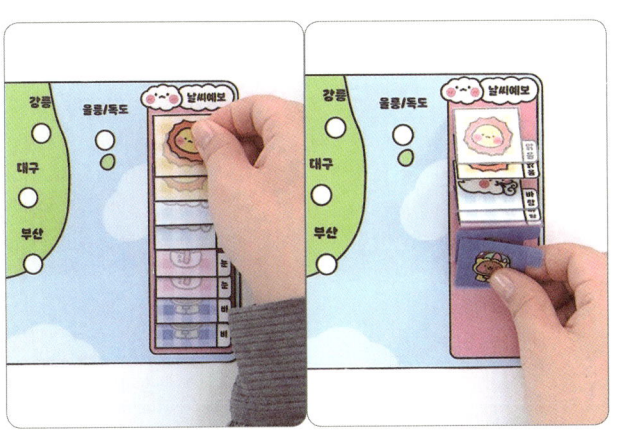

19.
날씨 정리 도안 앞뒤의 투명 그림에 맞게 날씨를 붙여요.

20.

〈똑똑TV〉 프로그램을 만들어요. 배경 도안의 아래쪽에 자판 정리 도안을 붙여요. 먼저 왼쪽 가장 아래의 진한 갈색 선과 같은 색의 '자음&쌍자음' 정리 도안을 선에 맞게 정렬한 뒤, 위쪽에만 얇은 투명테이프를 붙여 위아래로 넘길 수 있도록 연결해요.

TIP. 아래쪽 선부터 붙여야 투명테이프를 붙이기 편해요.

21.

같은 방법으로 오른쪽 맨 위의 연초록색 선과 '모음' 정리 도안까지 붙여요.

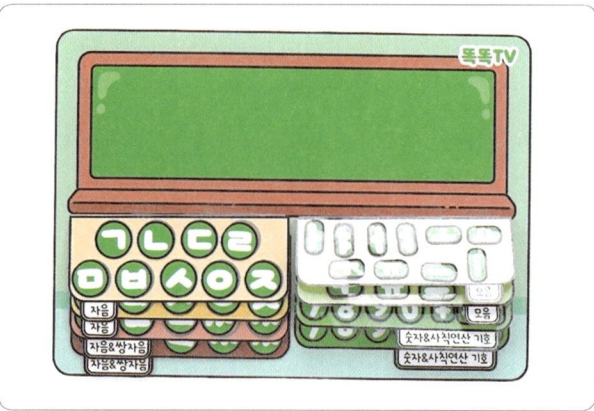

22.

자판 정리 도안의 투명 그림에 맞게 자음, 쌍자음, 모음, 숫자, 사칙연산 기호를 붙여요.

23.

〈냠냠TV〉 프로그램을 만들어요. 테이블 도안에 붙인 양면테이프의 종이를 제거하고, 테이블의 B와 배경 도안의 B+의 위치를 확인한 뒤 맞춰 붙여요.

TIP. 테이블은 배경에 딱 붙어서 고정되어 있어야 하므로 접착력이 강한 종이 양면테이프를 사용해요.

24.
밥솥 도안 위에 뚜껑 도안을 모양에 맞게 겹치고 윗면에 얇은 투명테이프를 붙여 연결해요.

25.
뚜껑을 열어 안쪽에도 얇은 투명테이프를 붙이고 아래쪽에 풀테이프를 붙여 위아래로 여닫을 수 있도록 만들어요.

26.
같은 방법으로 냉장고 문을 모양에 맞게 겹치고 오른쪽에 얇은 투명테이프를 붙여 연결해요.

27.
냉장고 문을 열어 안쪽에도 얇은 투명테이프를 붙이고 왼쪽에 풀테이프를 붙여 좌우로 여닫을 수 있도록 만들어요.

28.
사진을 참고해서 배경 도안에 소품들을 정리해요. 음식 재료는 냉장고에 보관해요.

29.
〈캐릭터〉를 정리해요. 배경 도안에 있는 선의 색깔을 확인하고 같은 색의 캐릭터 정리 도안을 선에 맞게 정렬한 뒤, 위쪽에만 얇은 투명테이프를 붙여 위아래로 넘길 수 있도록 연결해요.

TIP. 아래쪽부터 붙여야 투명테이프를 붙이기 편해요.

30.
캐릭터 정리 도안의 투명 그림에 맞게 동물 친구들을 붙여요.

31.
완성된 프로그램 도안들을 10번 과정에서 만든 텔레비전 스퀴시에 하나씩 붙여 정리해요.

32.
놀이를 할 때는 프로그램 도안을 떼어 앞표지 도안에 붙인 다음 놀이해요.

33.
다양한 텔레비전 프로그램으로 메이크업 아티스트, 게이머, 기상캐스터, 선생님, 요리사가 되어보세요.

PART 3
말랑띠부 종이놀이 도안

말랑띠부 종이놀이 도안을 준비했어요. 책에서 소개하고 있는 종이놀이를 모두 만들어 볼 수 있도록 전 작품의 도안을 수록했으니 원하는 도안을 선택해 만들어요. 도안을 만들 때는 다치지 않게 언제나 손 조심하는 것을 잊지 마세요.

※ 스퀴시 도안의 경우 말랑말랑한 스퀴시의 촉감을 살리기 위해 종이를 다른 도안보다 얇게 제작했어요. 종이가 얇다고 당황하지 마세요!

[캐릭터 & 머니북_1]

[캐릭터 & 머니북_2]

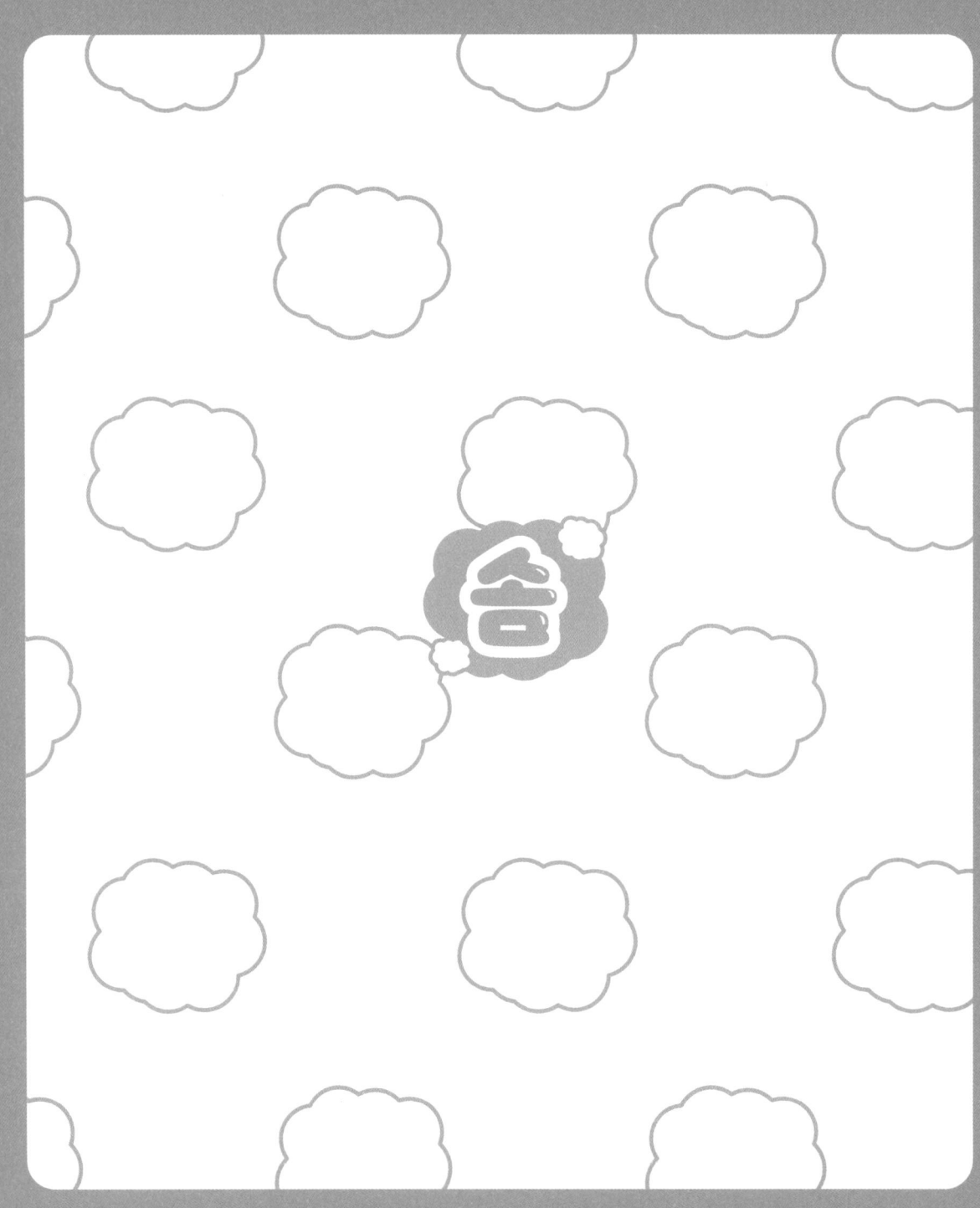

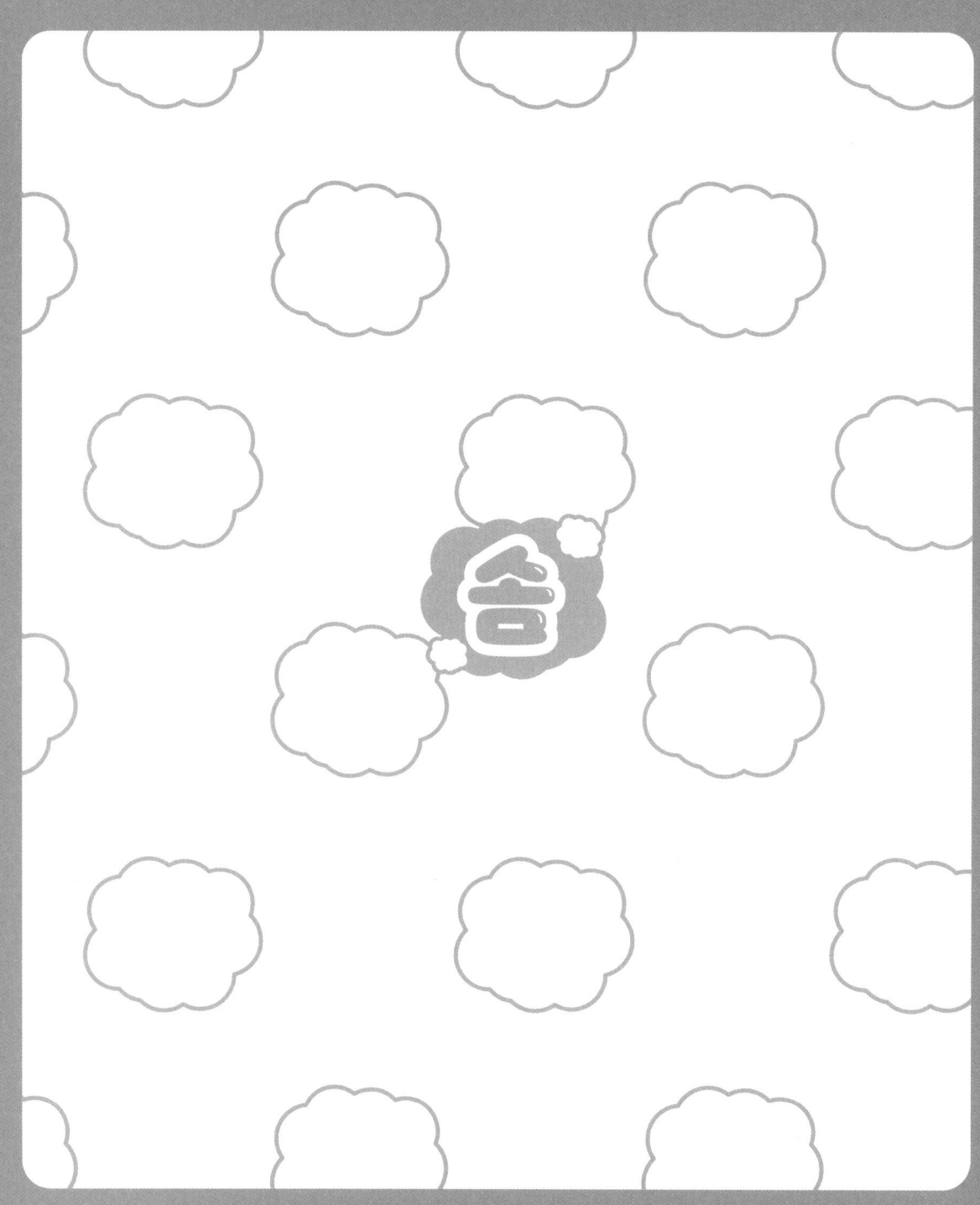

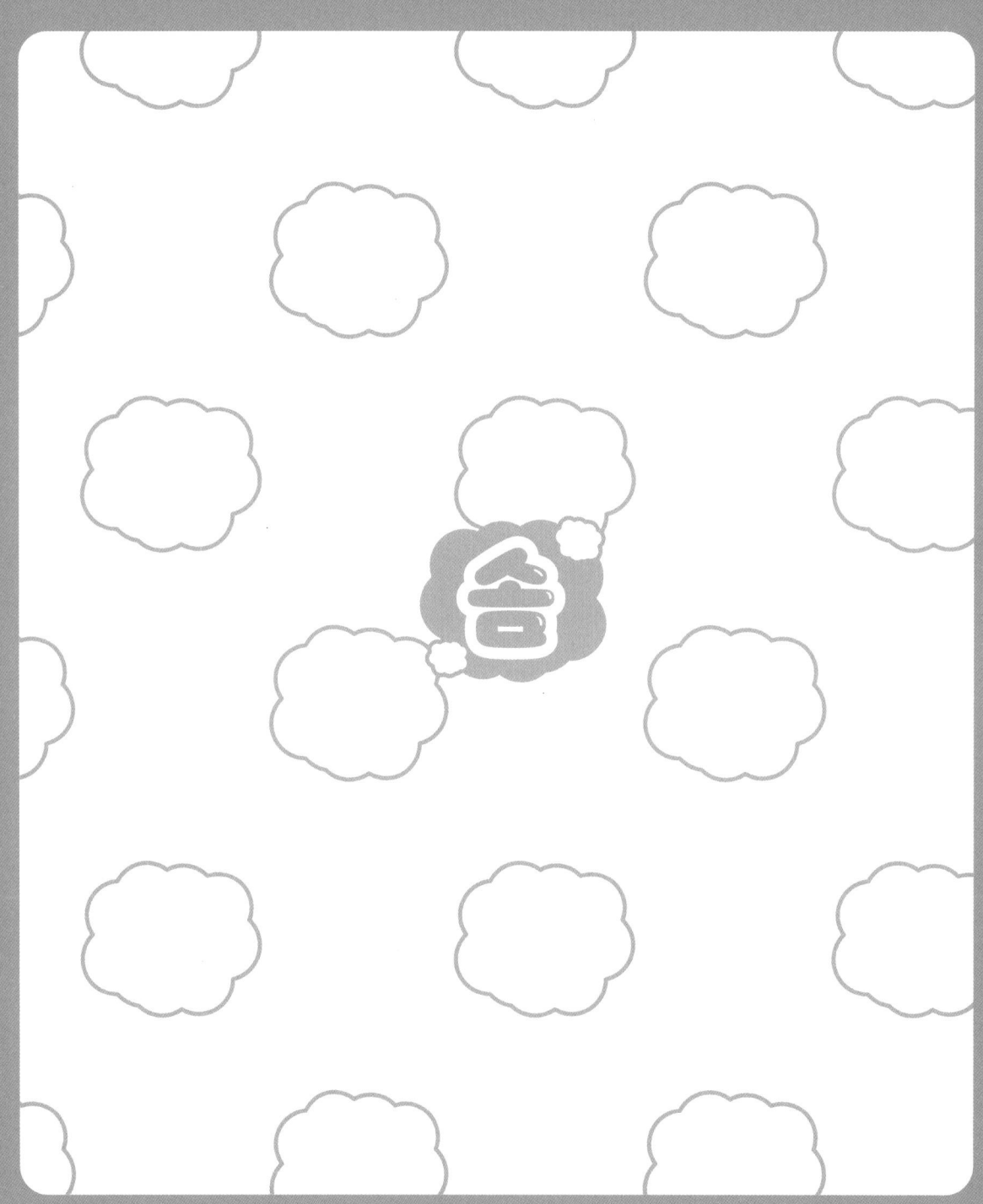

[캐릭터 & 머니북_5]

[캐릭터 & 머니북_7]

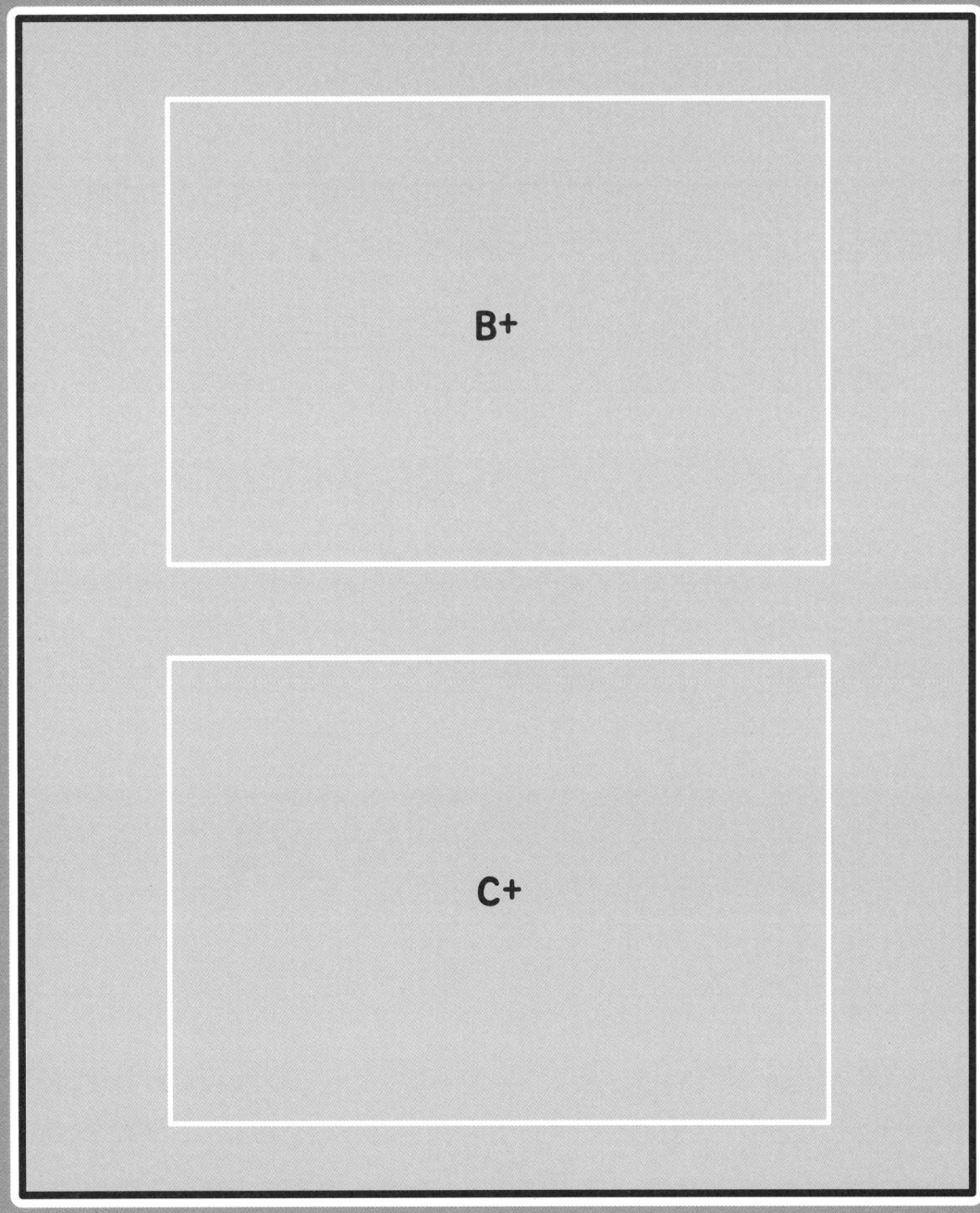

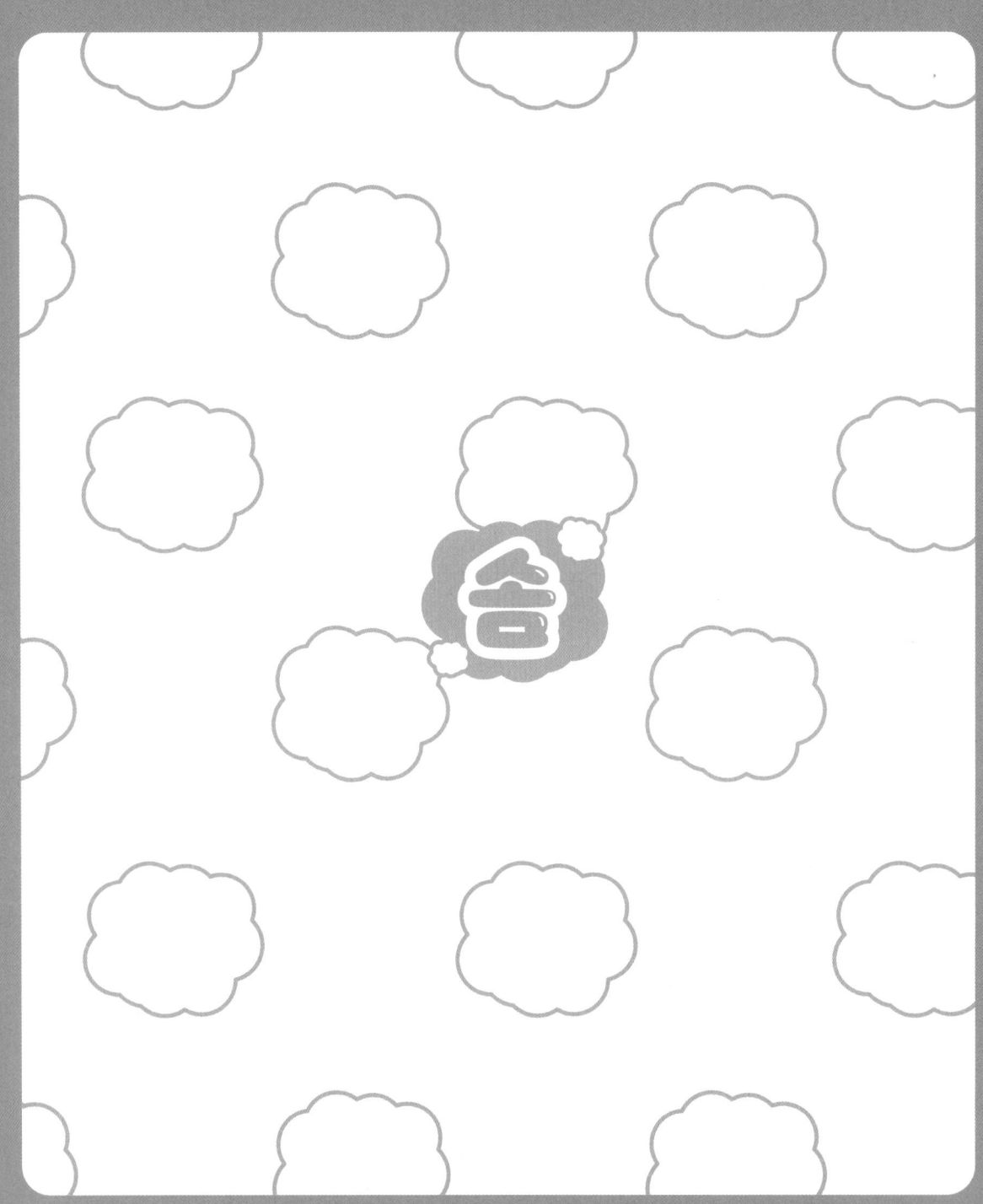

D+

E+

코팅지 / 단면

코팅지 / 양면

코팅지 / 양면

Characters & Money Book

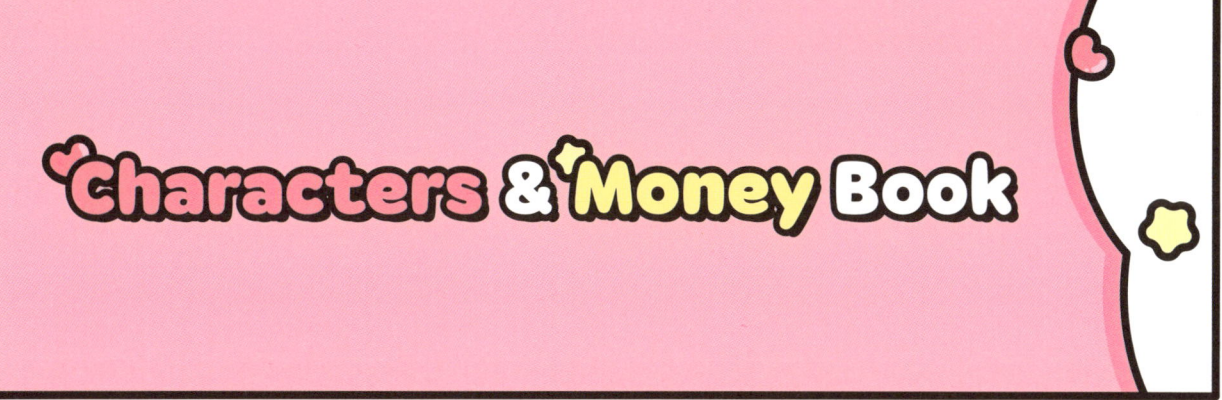

[캐릭터 & 머니북_10]

Characters & Money Book

ⓒ소워니놀이터 All rights reserved

투명테이프 / 양면

A

투명테이프 / 양면

코팅지 / 단면

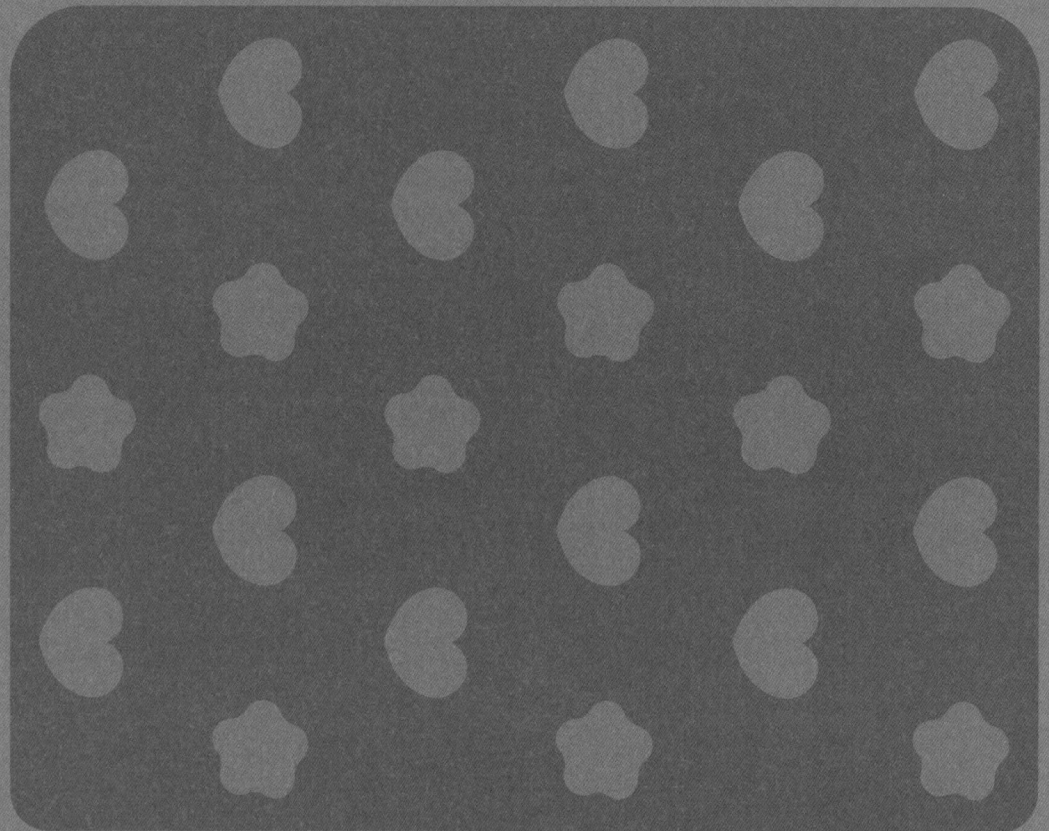
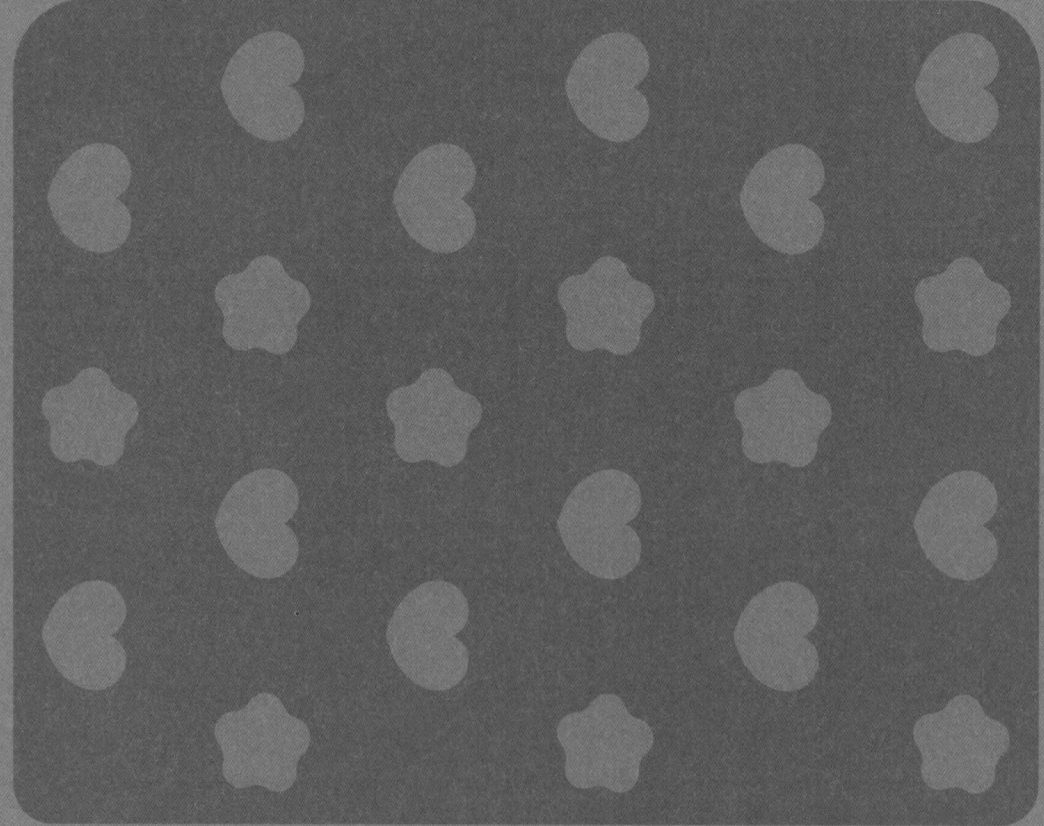

[캐릭터 & 머니북_13]

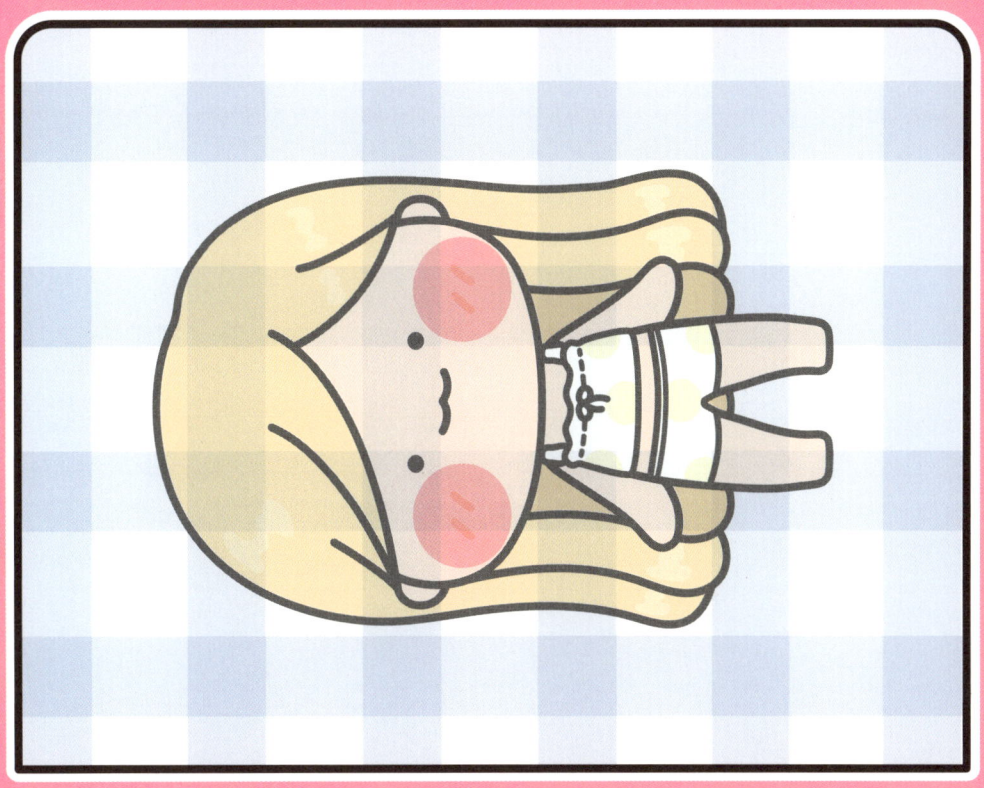

[캐릭터 & 머니북_14]

[캐릭터 & 머니북_15]

[캐릭터 & 머니북_16]

[캐릭터 & 머니북_17]

[캐릭터 & 머니북_18]

[캐릭터 & 머니북_20]

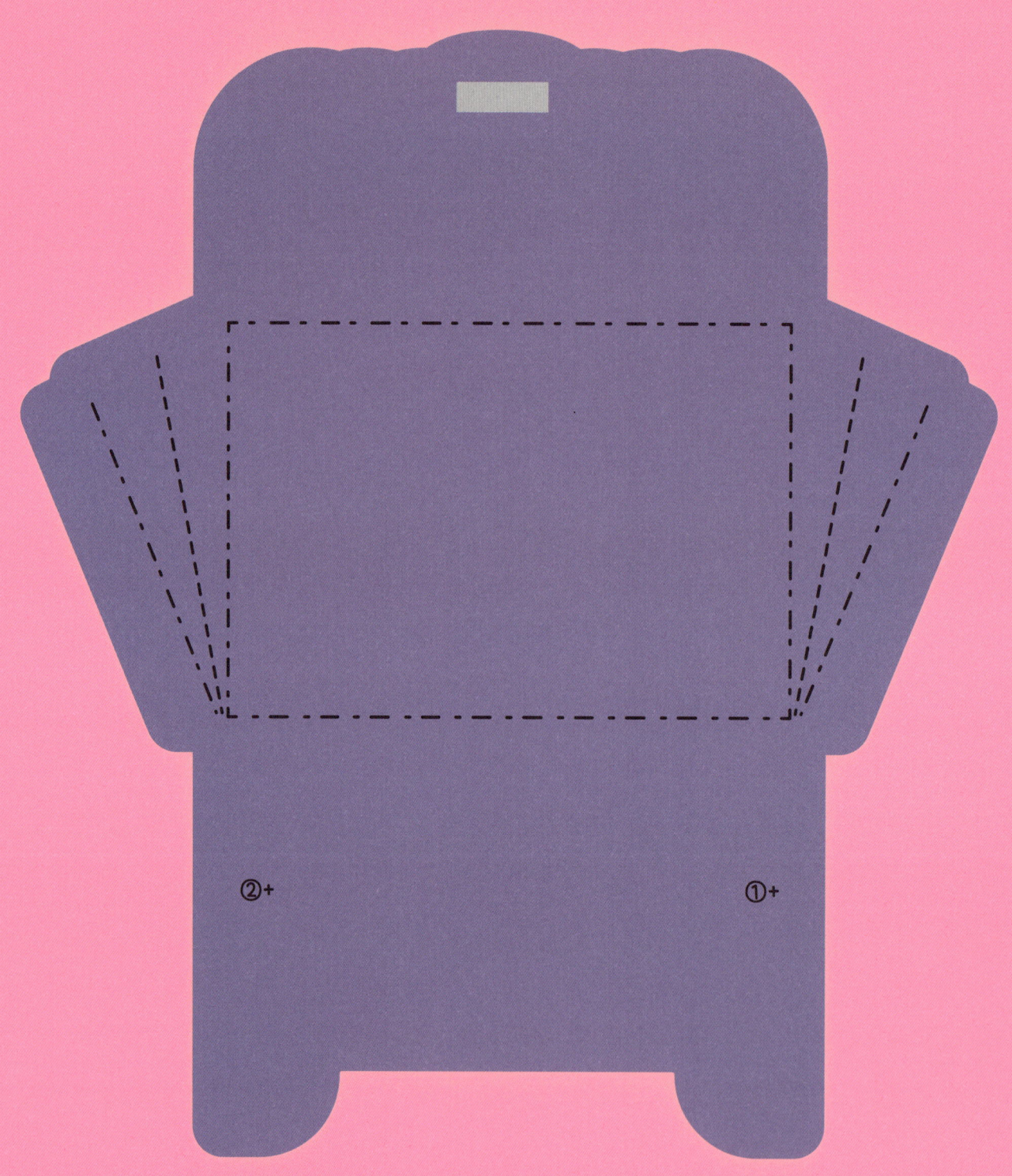

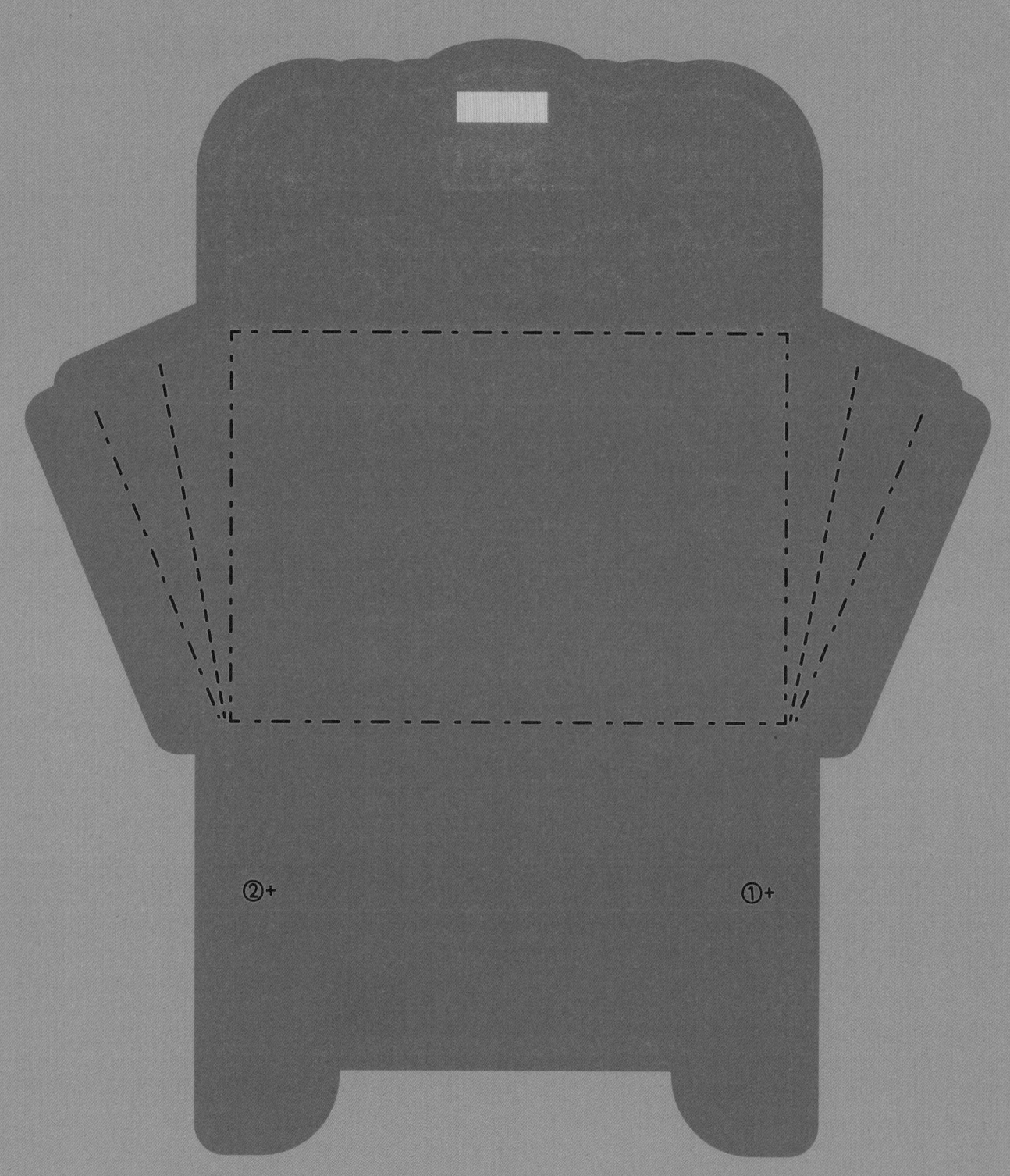

[캐릭터 & 머니북_22]

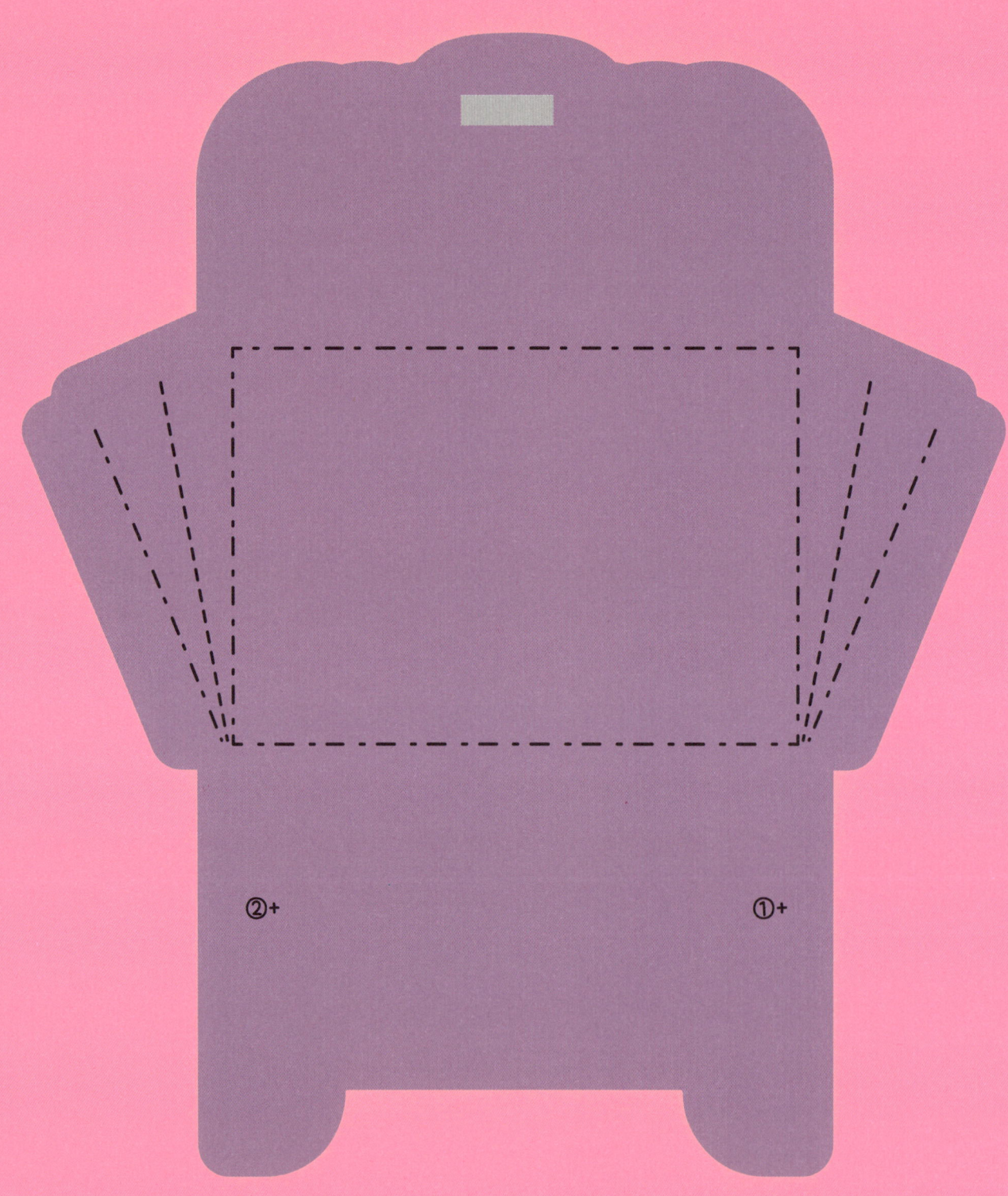

[캐릭터 & 머니북_23]

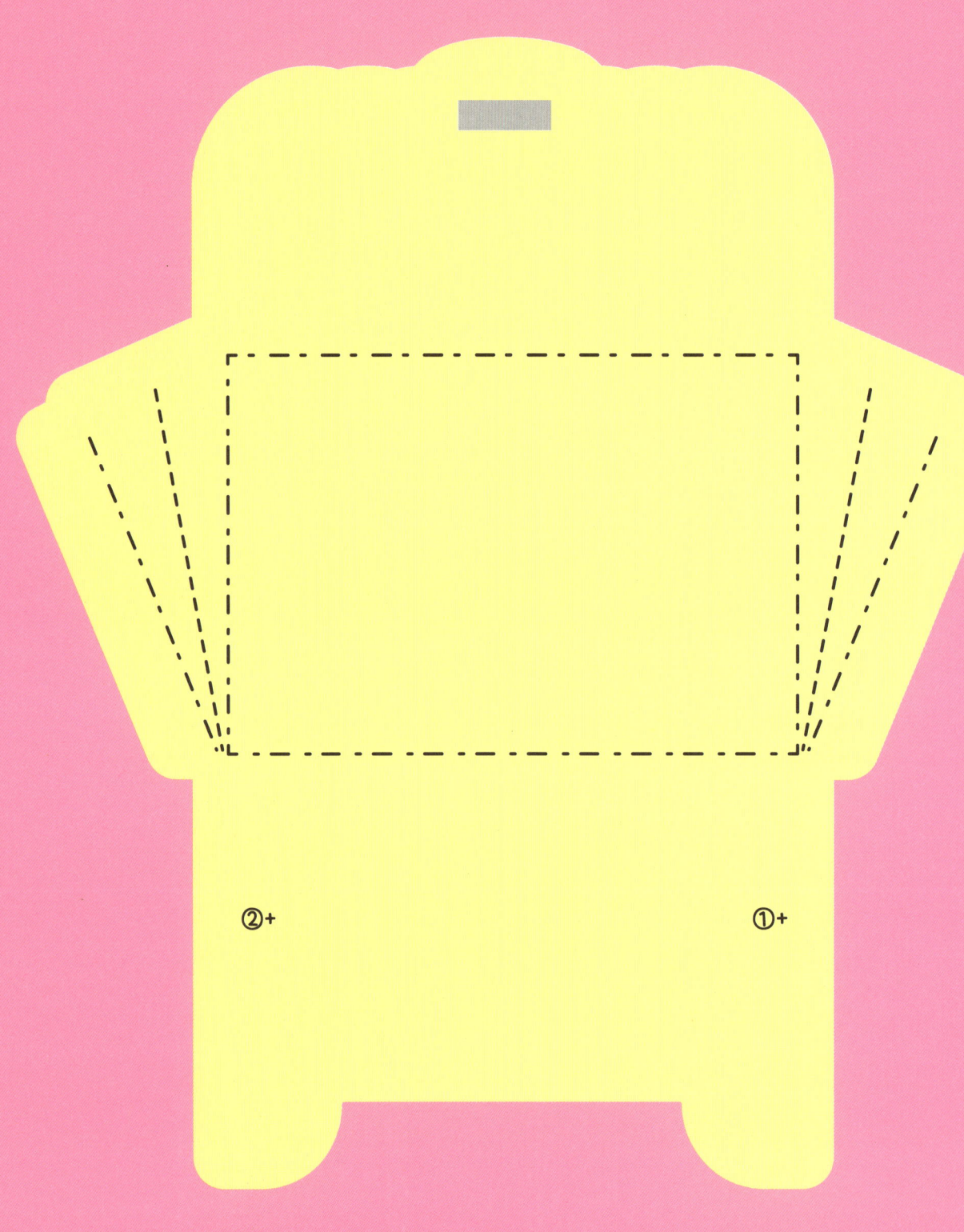

[캐릭터_1]

[동전과 지폐_1]

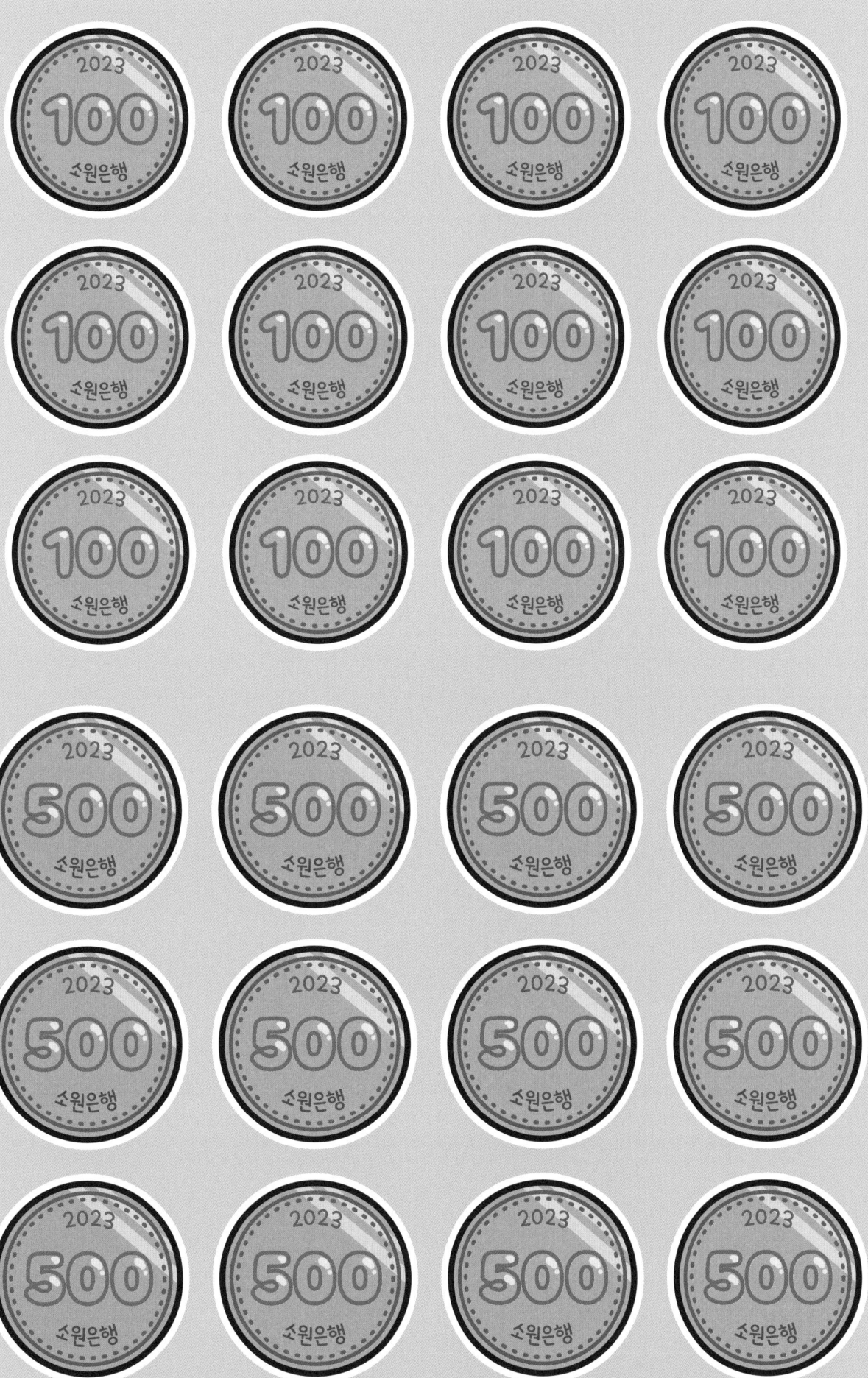

[동전과 지폐_2]

[동전과 지폐_3]

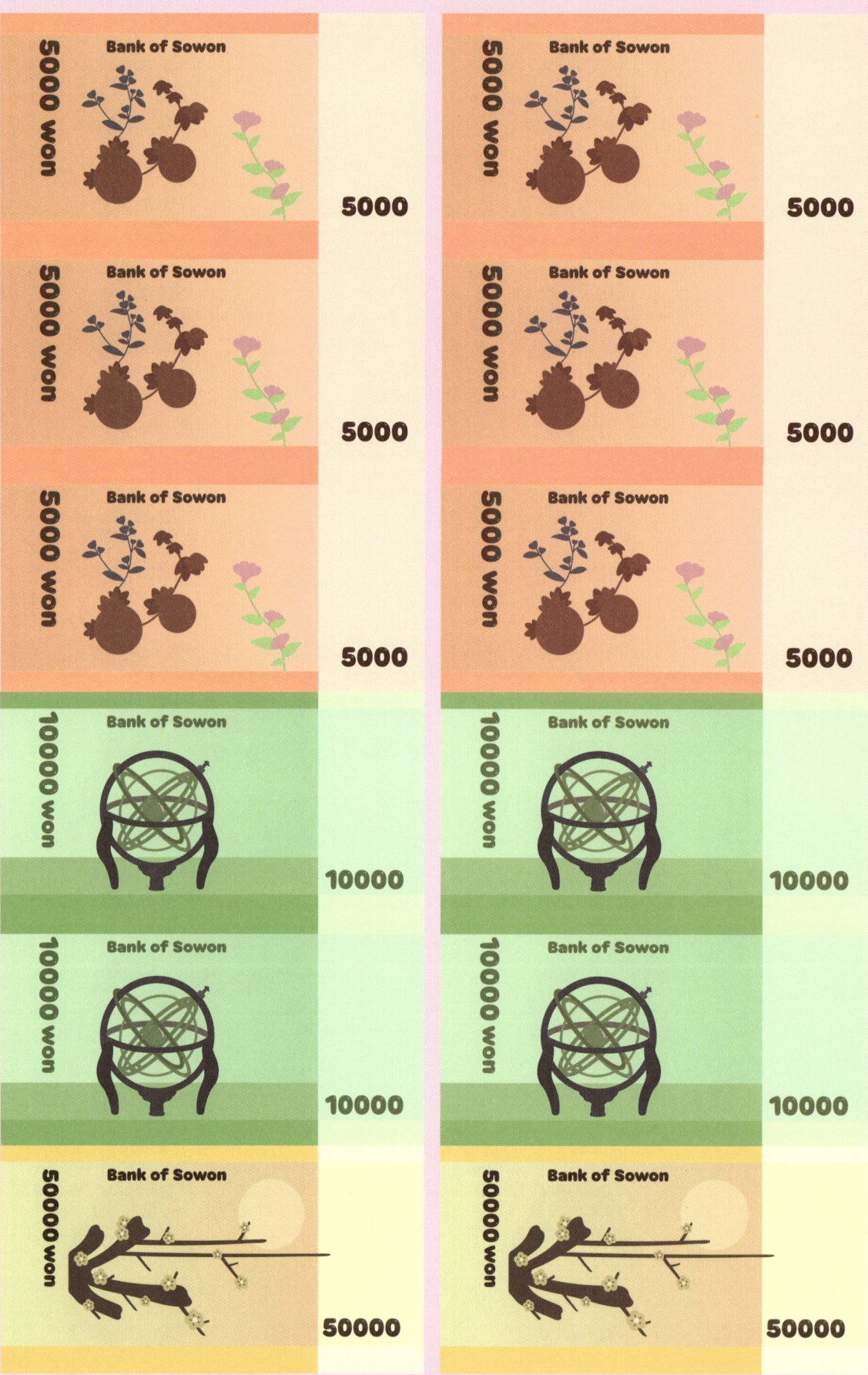

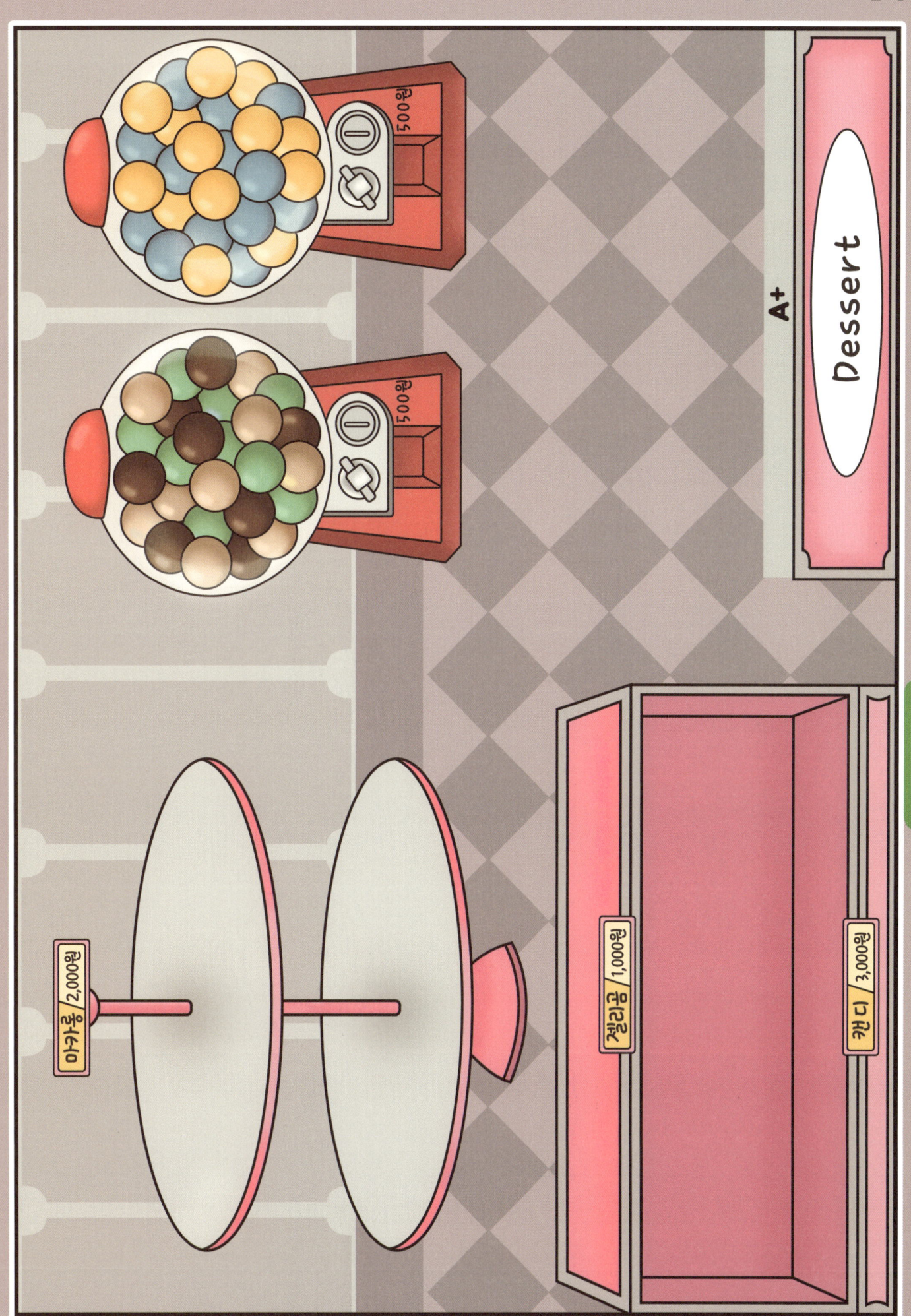

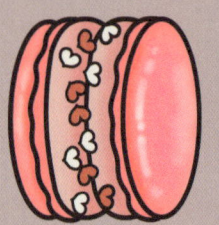

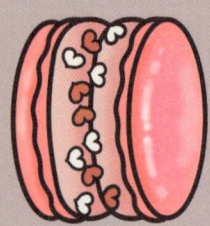

[디저트 가게_2]

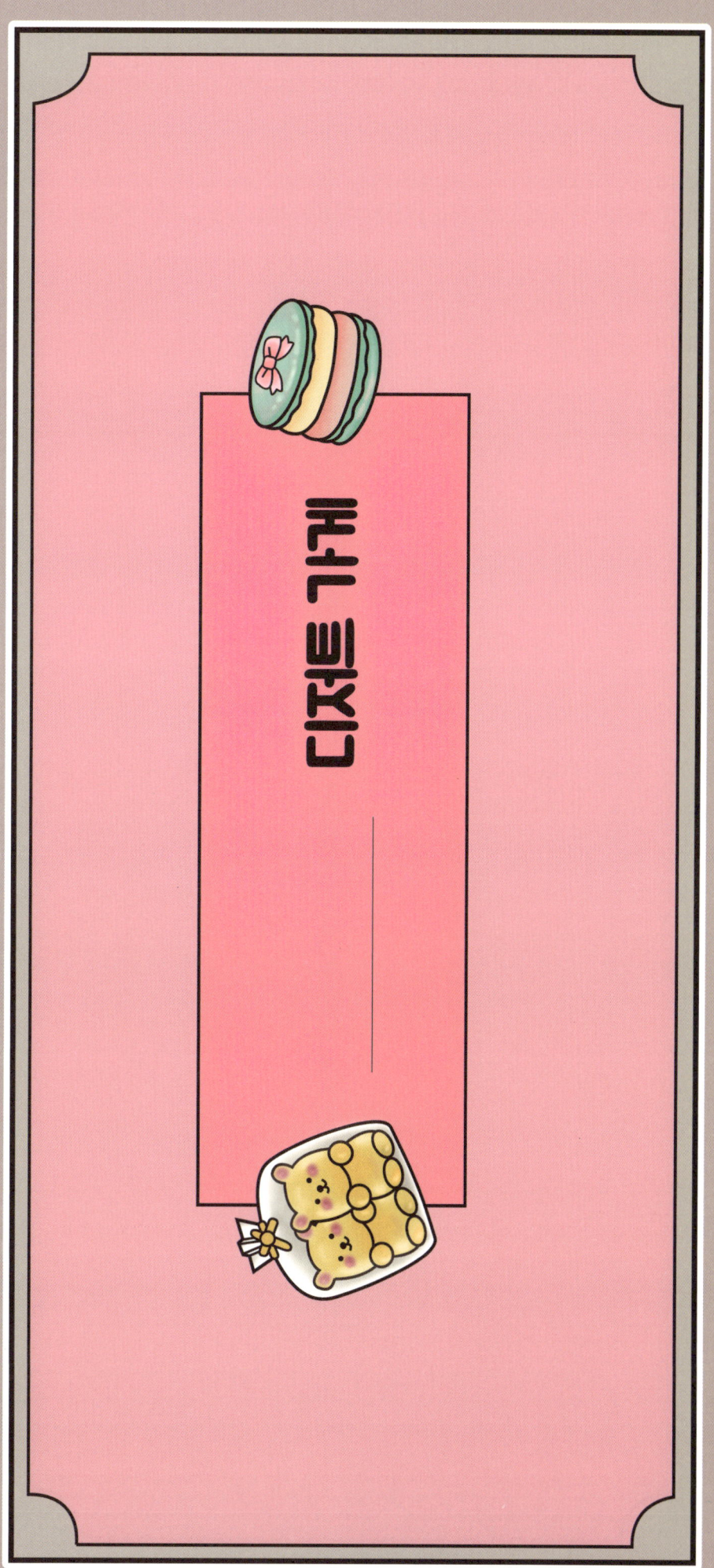

[디저트 가게_3]

[디저트 가게_4]

[디저트 가게_5]

 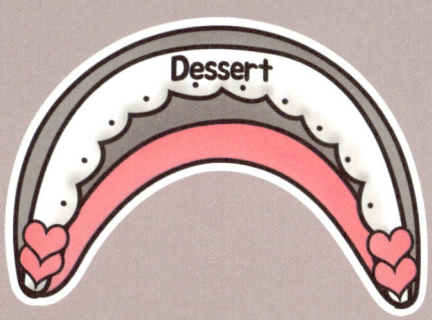

A

[초밥 가게_2]

[초밥 가게_3]

코팅지 / 양면

[초밥 가게_4]

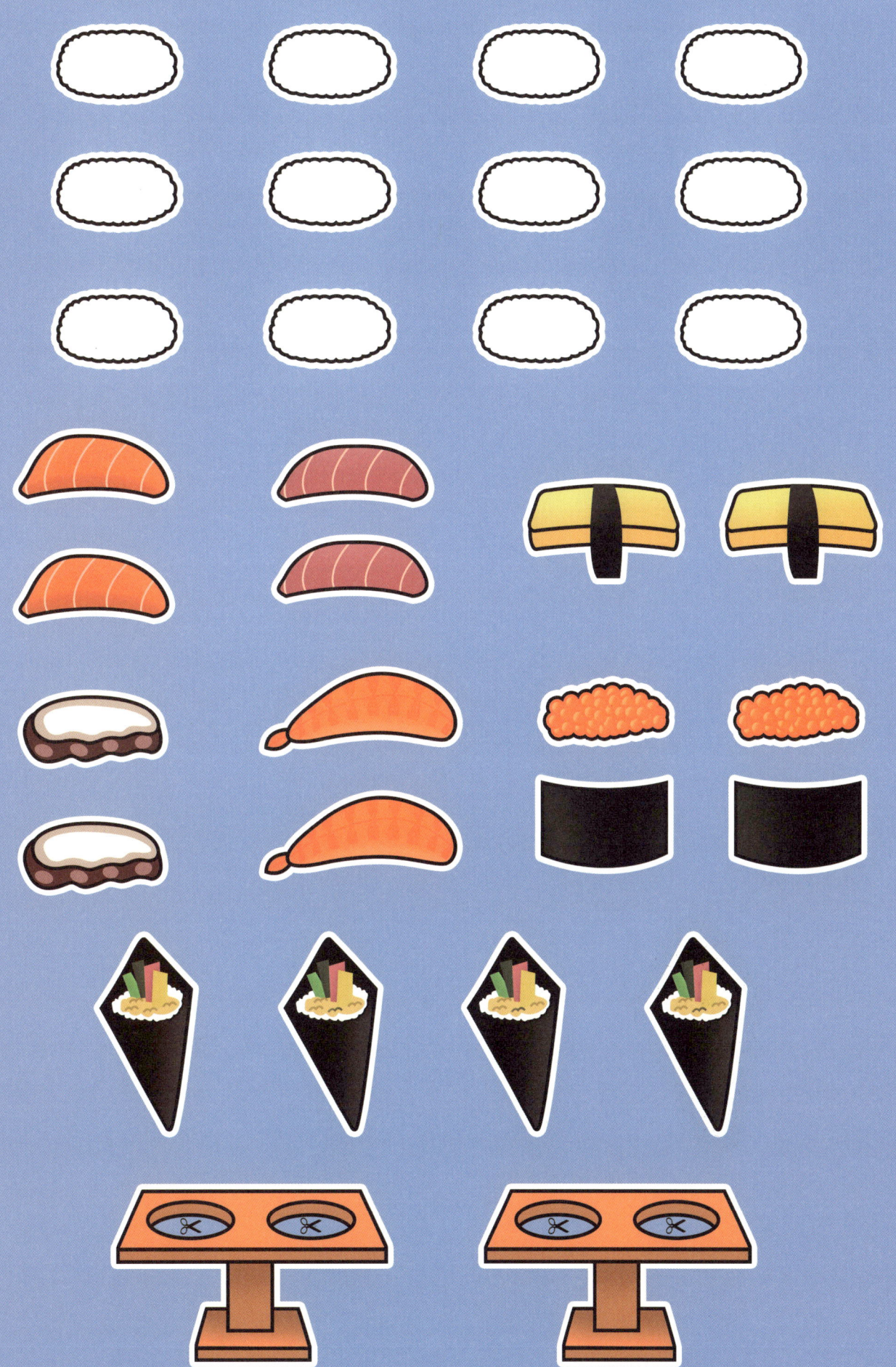

[초밥 가게_6]

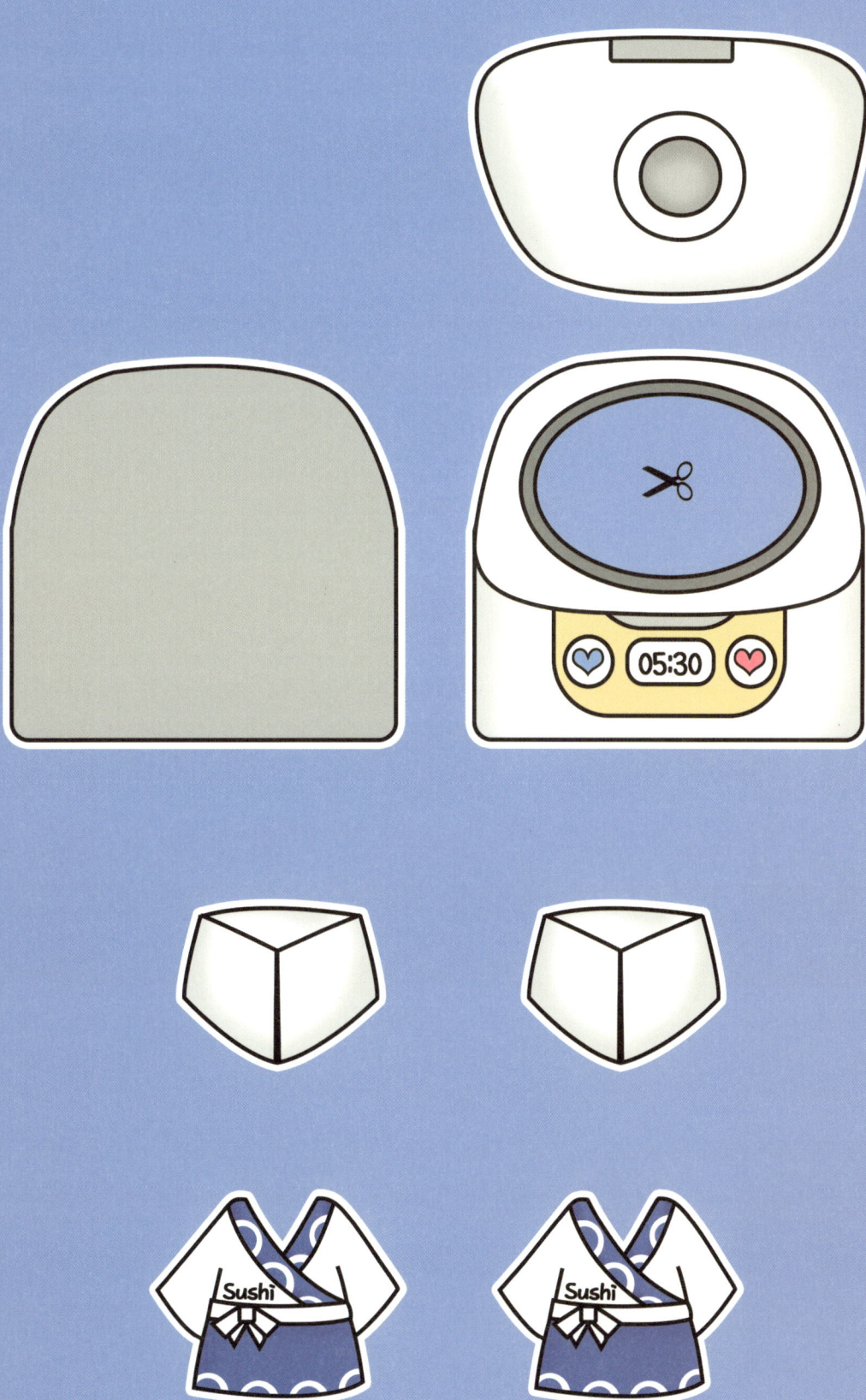

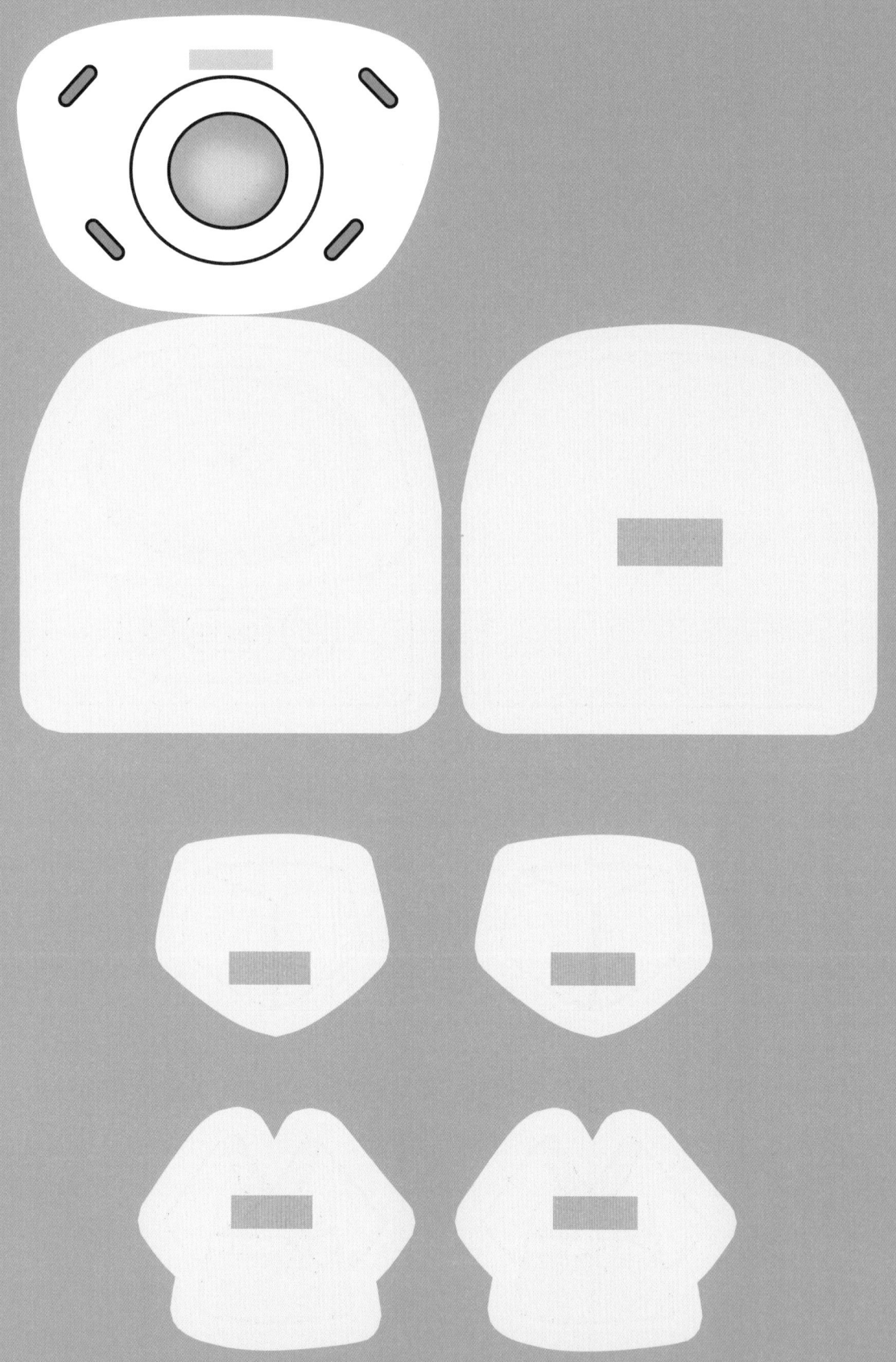

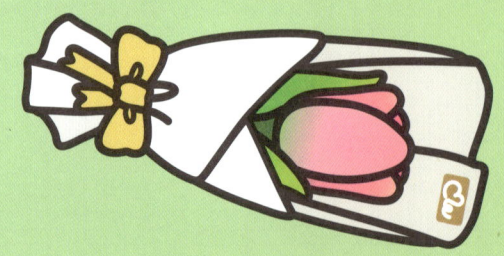

[꽃집_3]

[꽃집_4]

[꽃집_5]

A

[어린이집 선생님_1]

 Teacher 선생님

 Baby 아기

 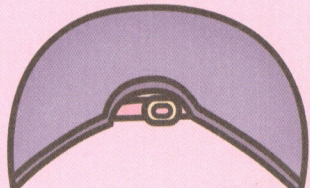   

 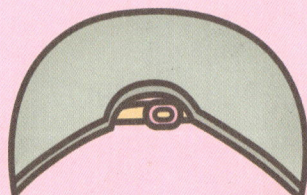  

[어린이집 선생님_2]

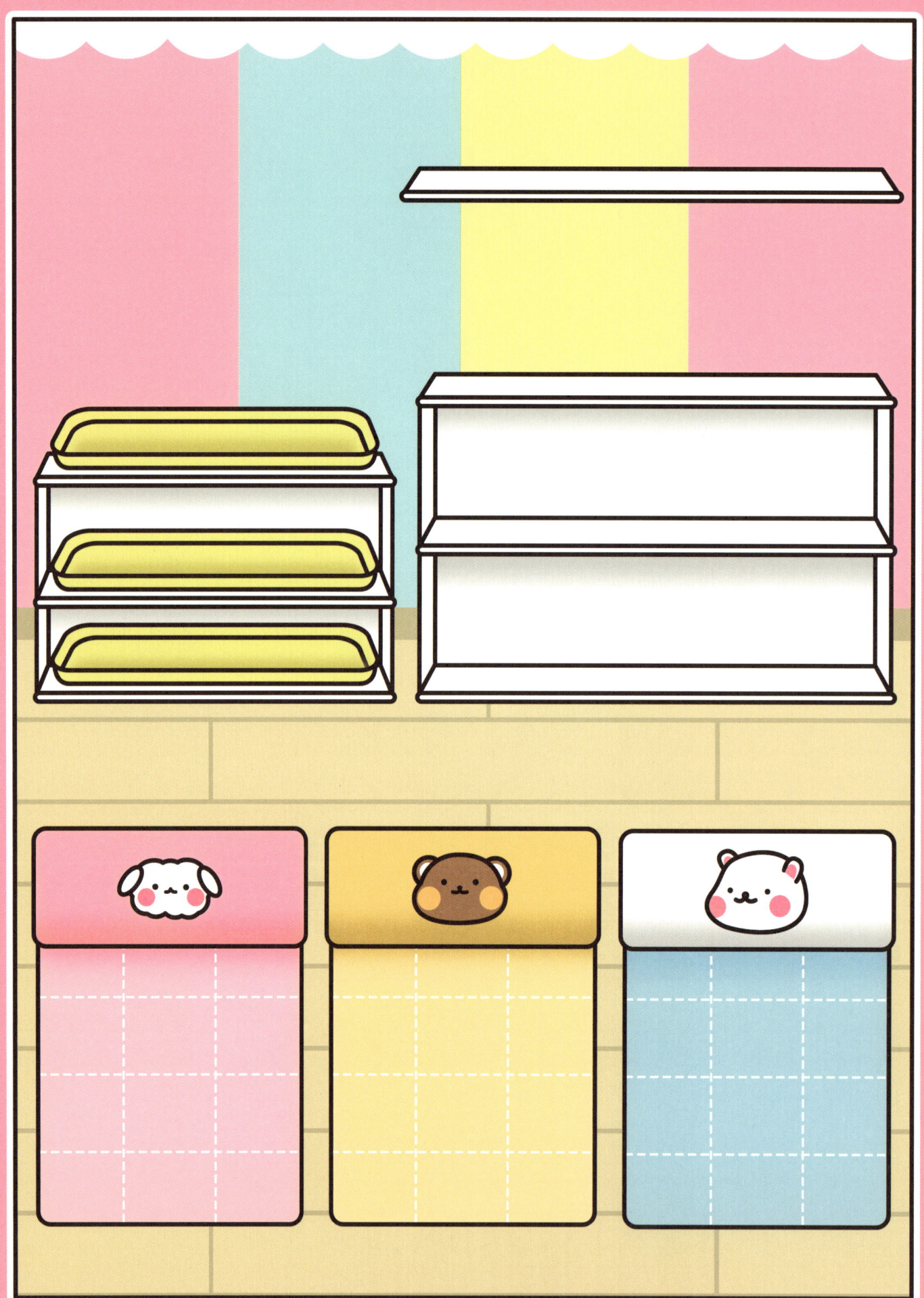

[어린이집 선생님_3]

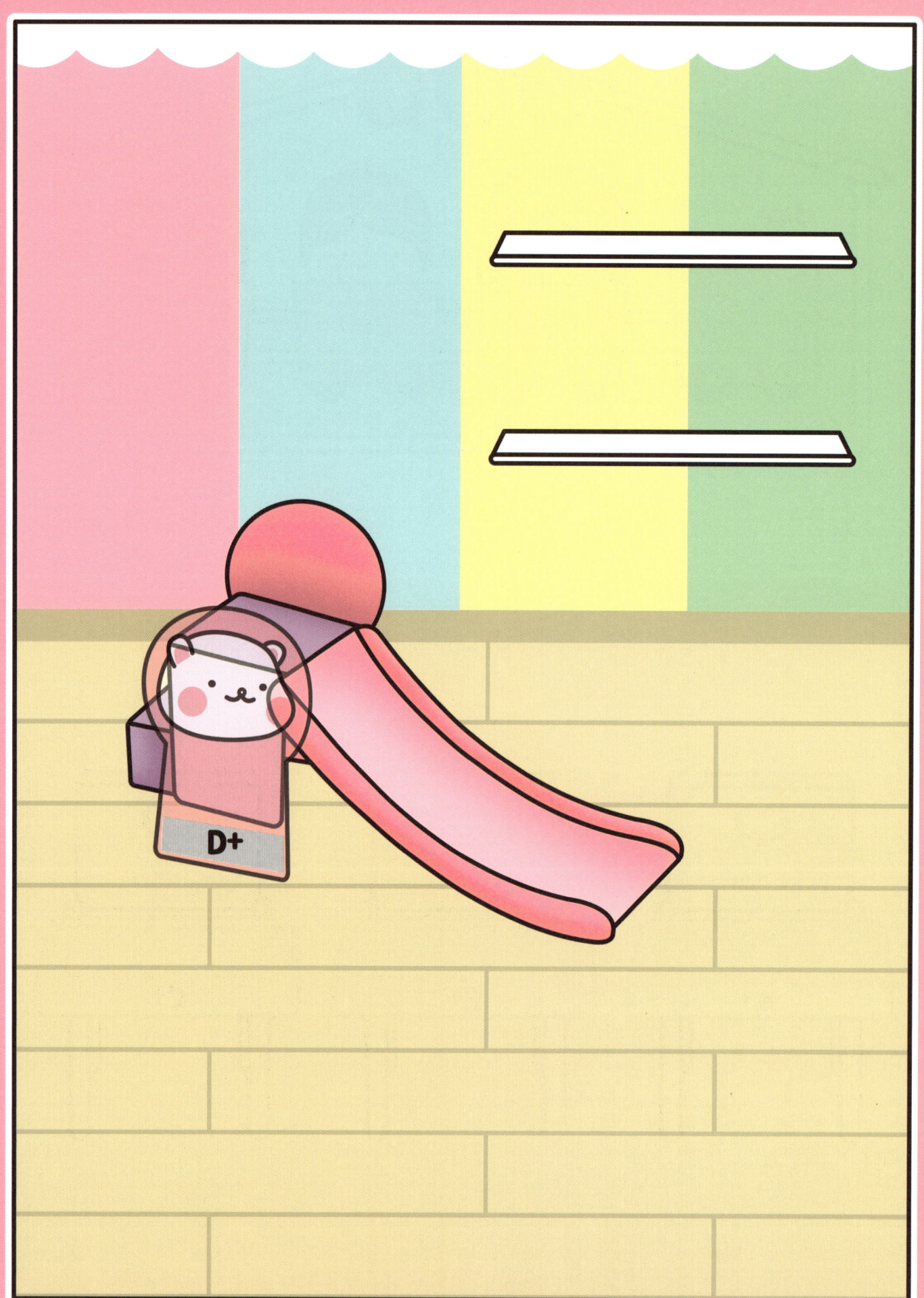

[어린이집 선생님_4]

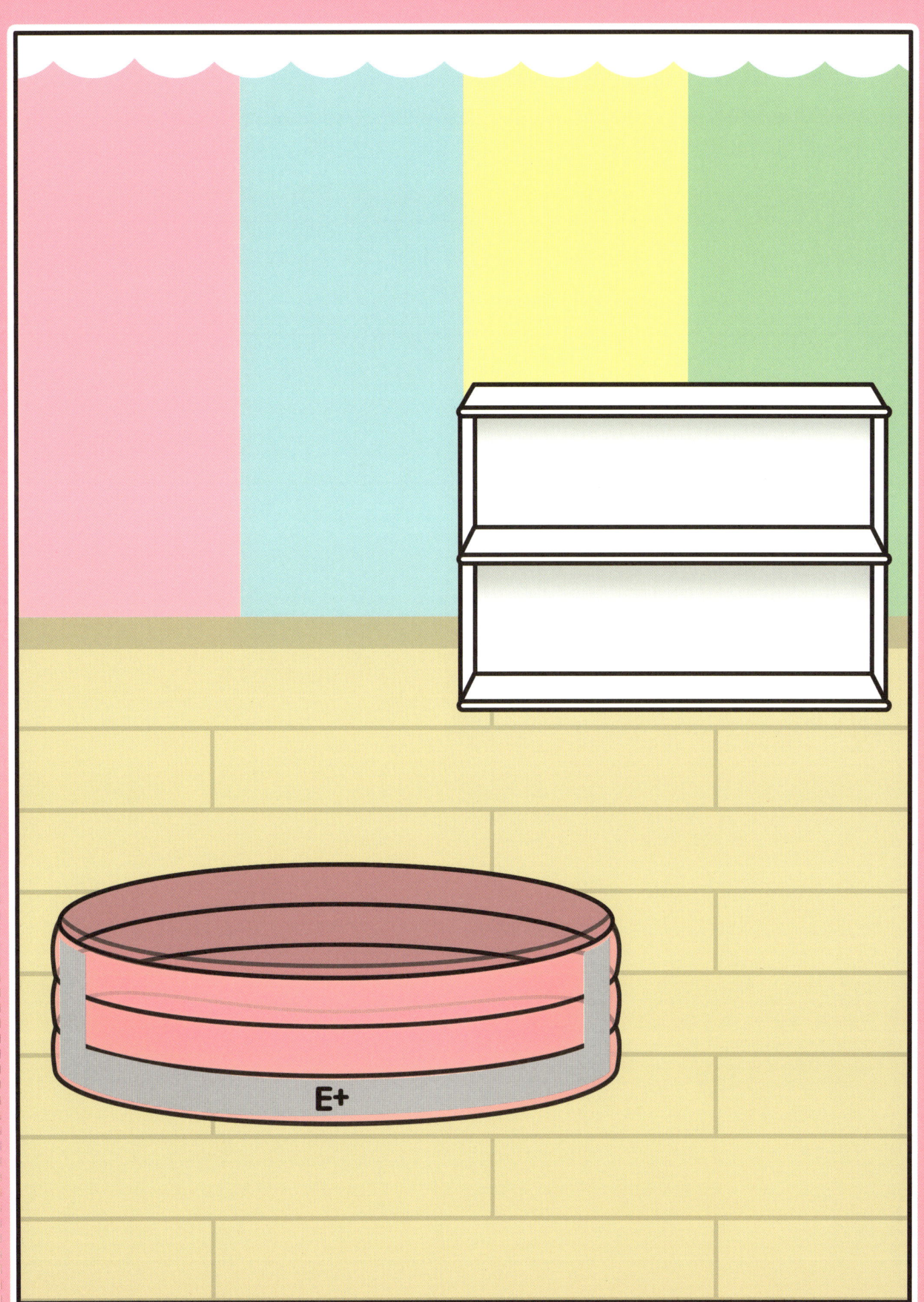

Nursery Teacher
어린이집 선생님

[어린이집 선생님_5]

[어린이집 선생님_6]

[어린이집 선생님_7]

Pet dog hairdresser
애견 미용사

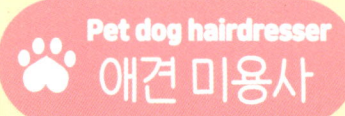
Pet dog hairdresser
애견 미용사

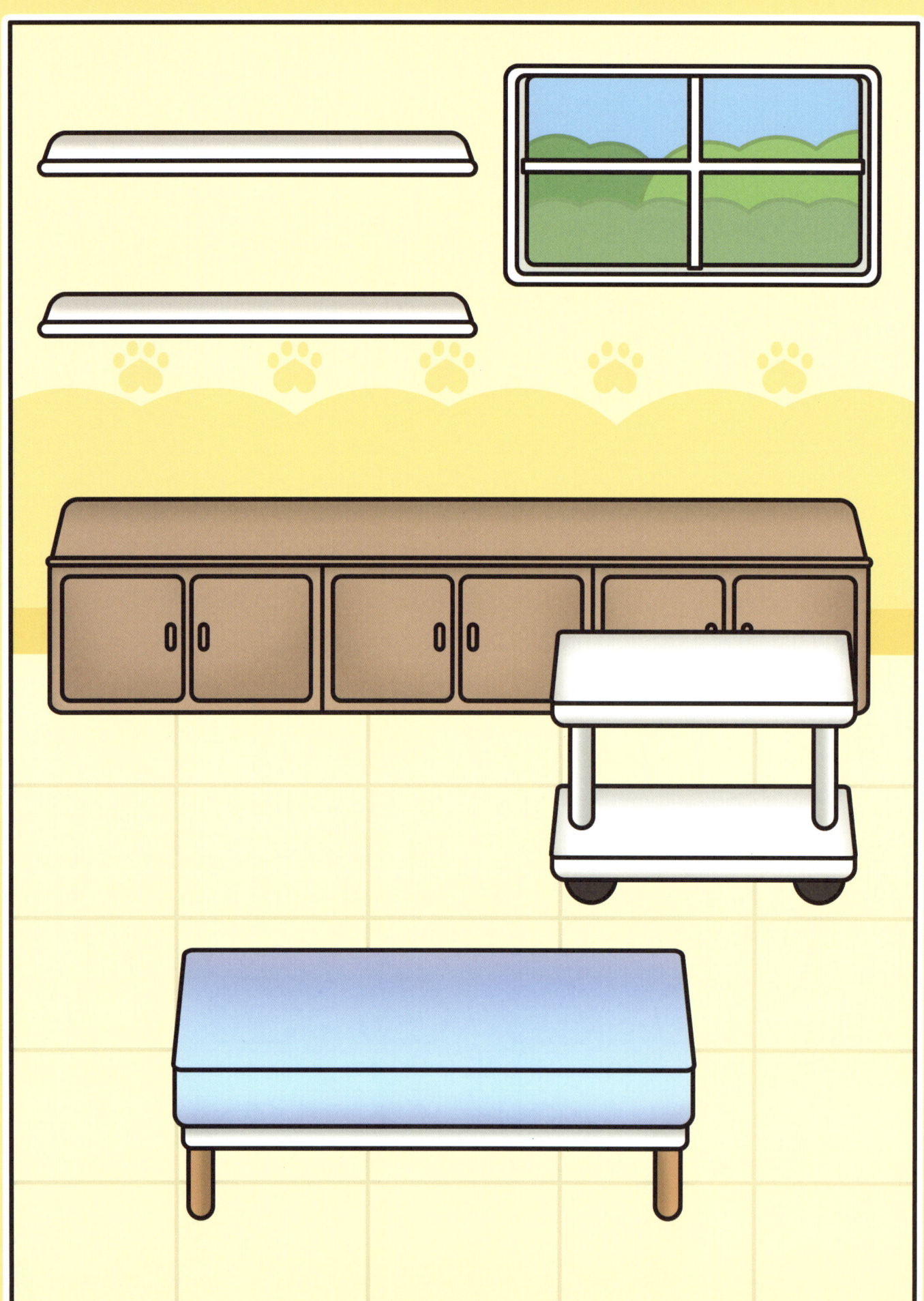

[애견미용사_3]

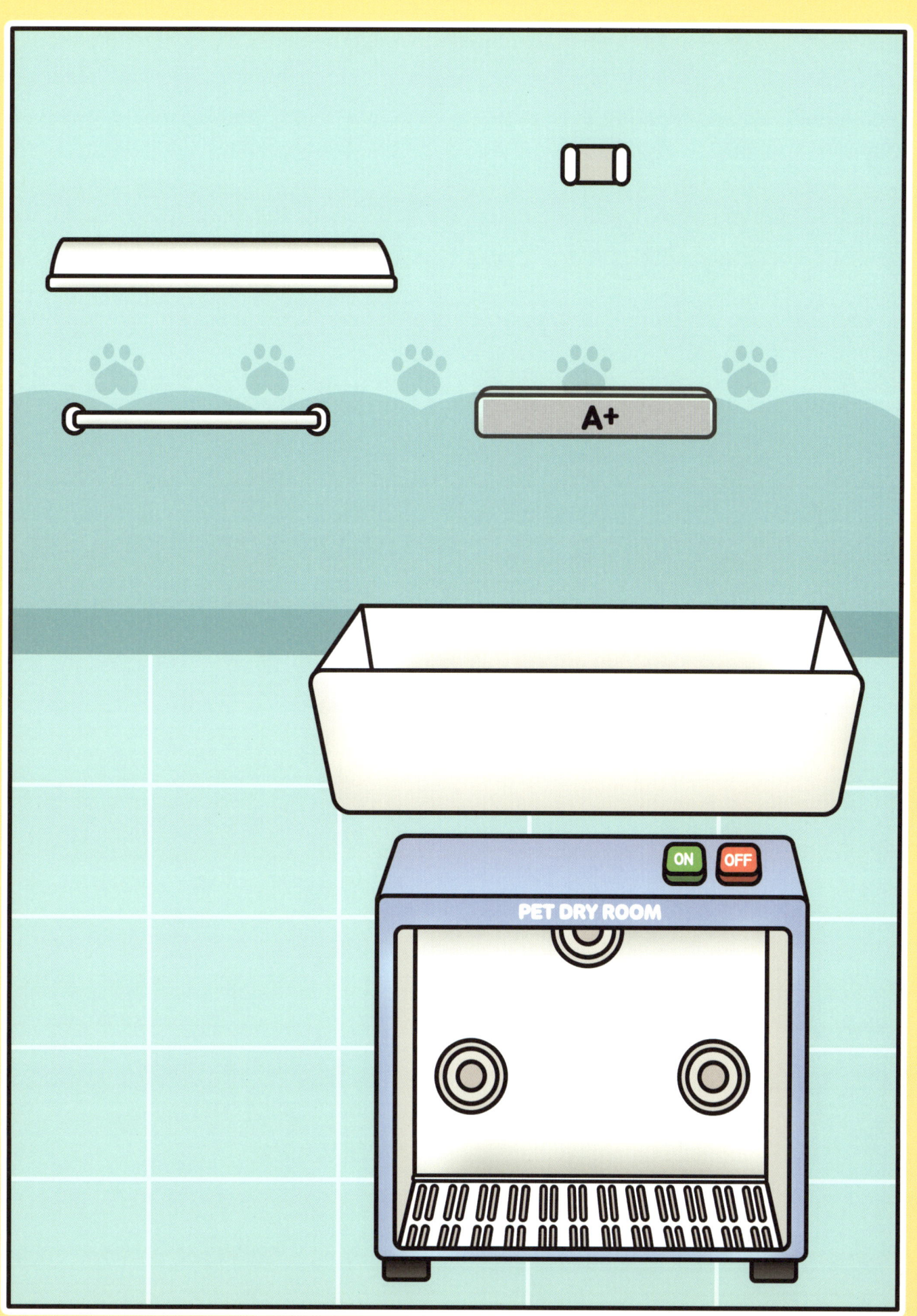

Pet dog hairdresser
애견 미용사

[애견미용사_4]

종이양면테이프

A

[애견미용사_5]

[비행기 기장 & 승무원_2]

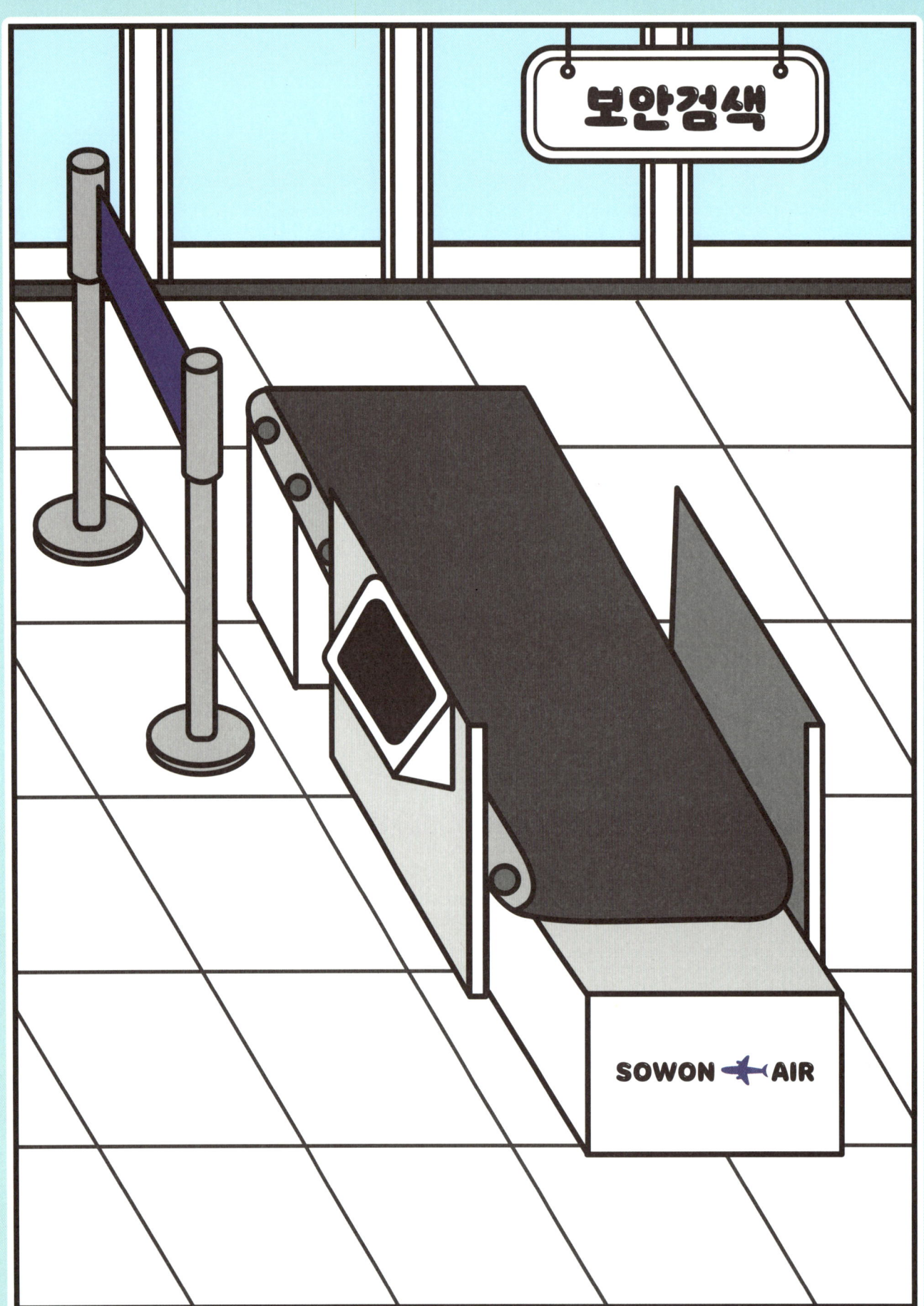

[비행기 기장 & 승무원_3]

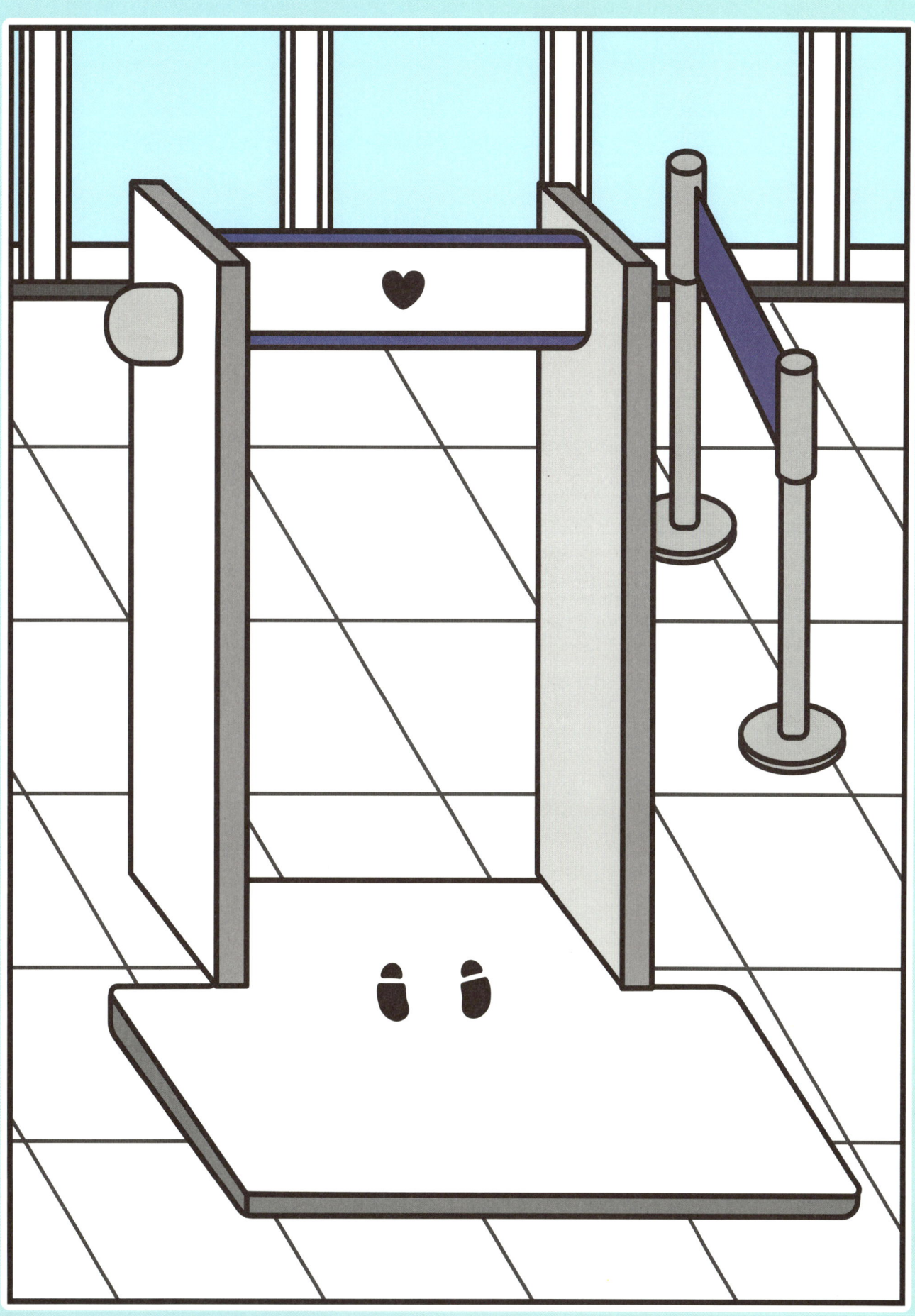

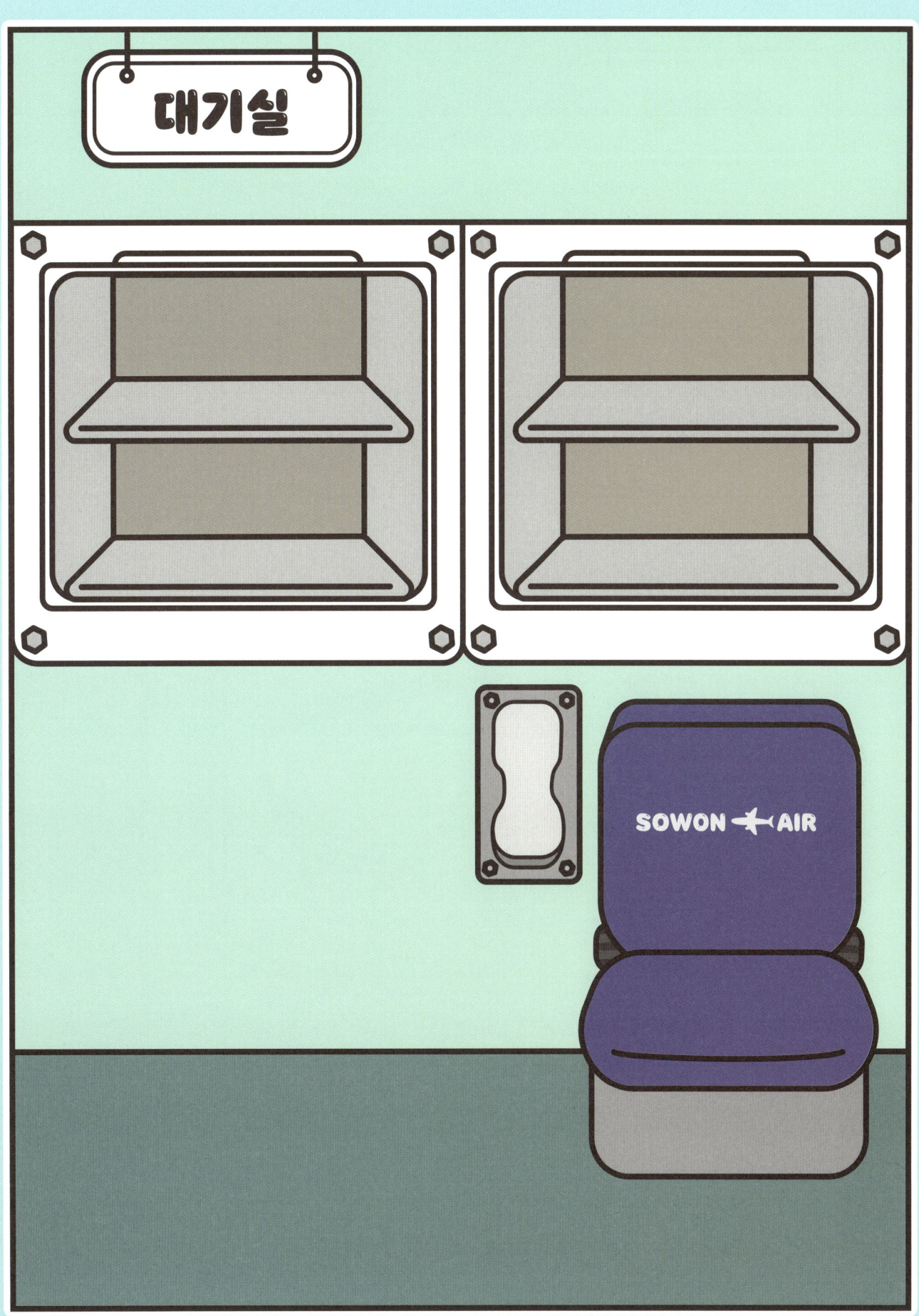

Aircraft pilot & Stewardess
비행기 기장 & 승무원

[비행기 기장 & 승무원_7]

[비행기 기장 & 승무원_8]

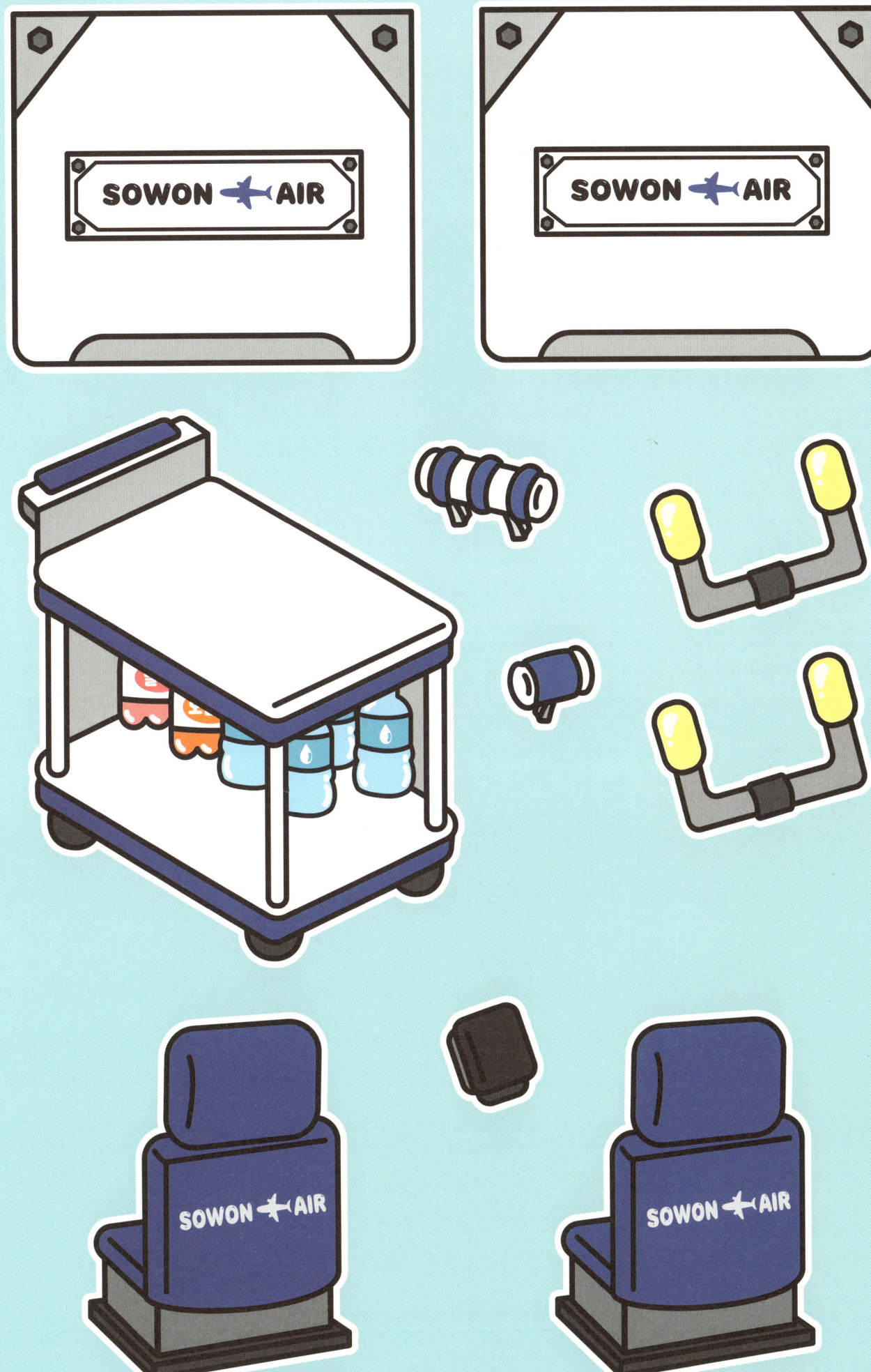

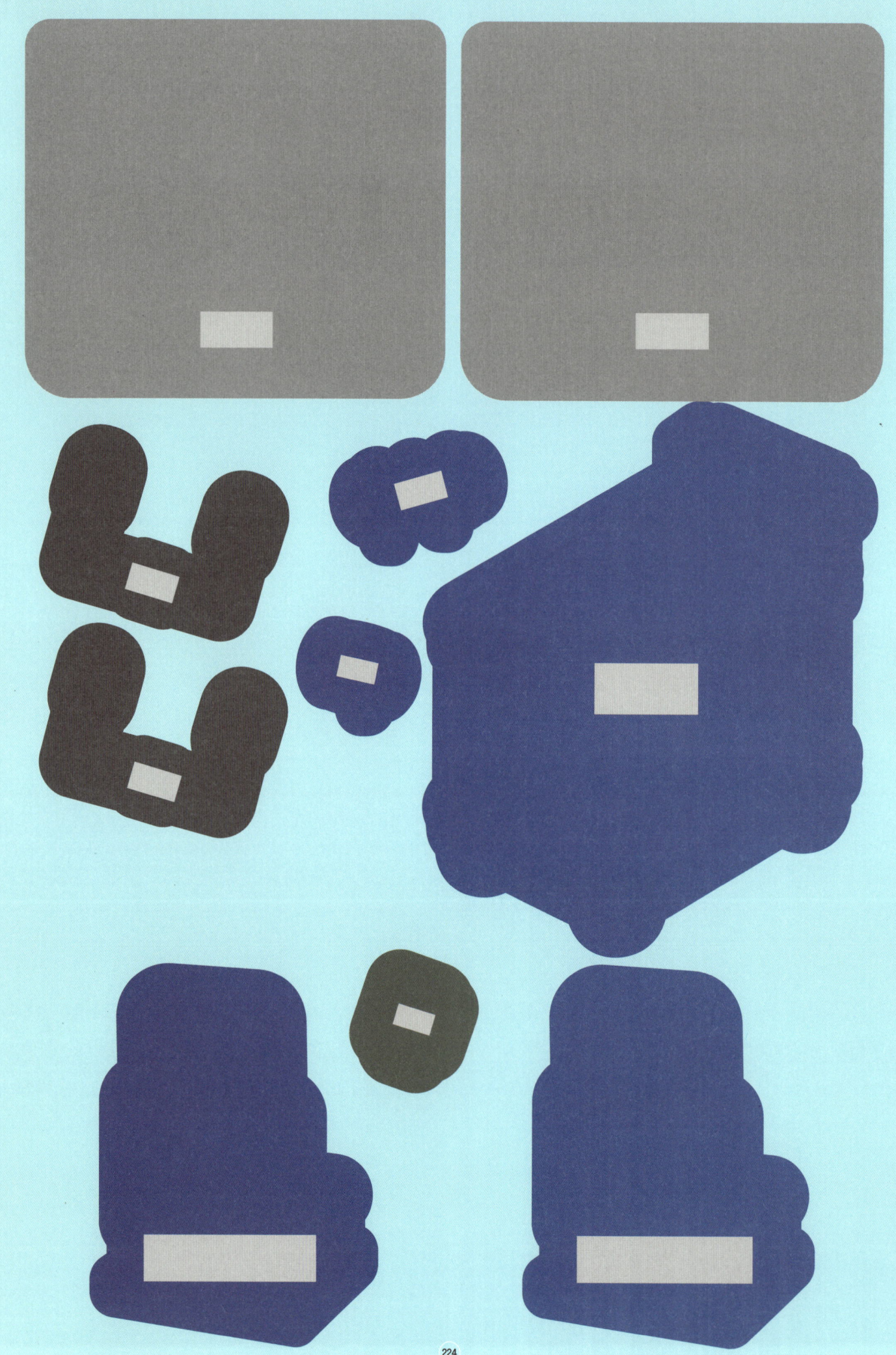

[비행기 기장 & 승무원_9]

[비행기 기장 & 승무원_10]

[토깽이 핸드폰_1]

[토깽이 핸드폰_2]

[토깽이 핸드폰_3]

[토깽이 핸드폰_4]

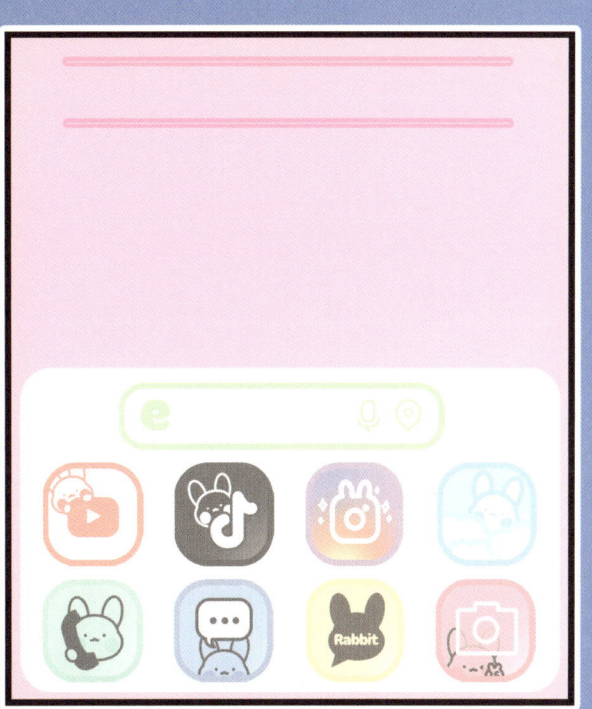

[인형 가게_2]

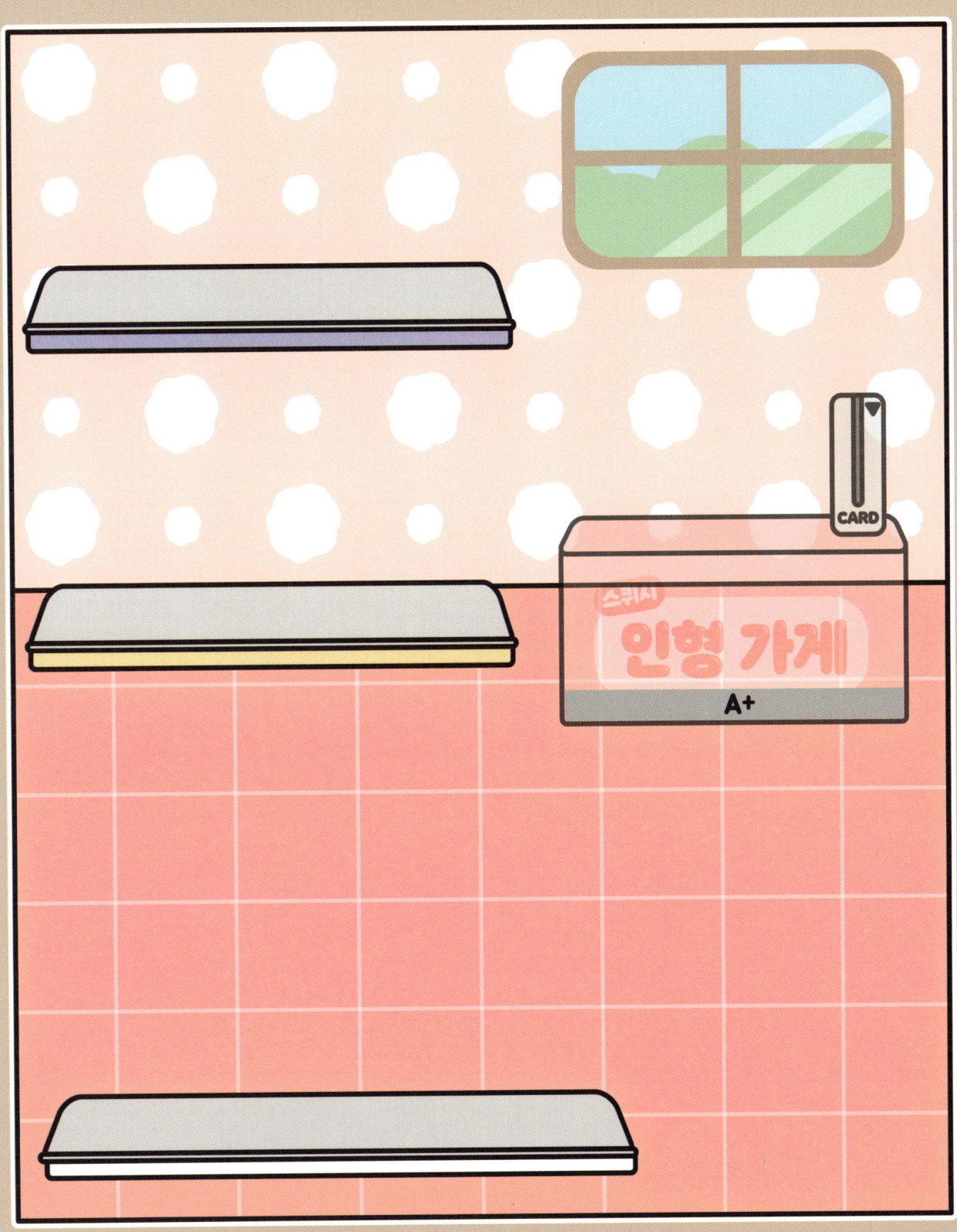

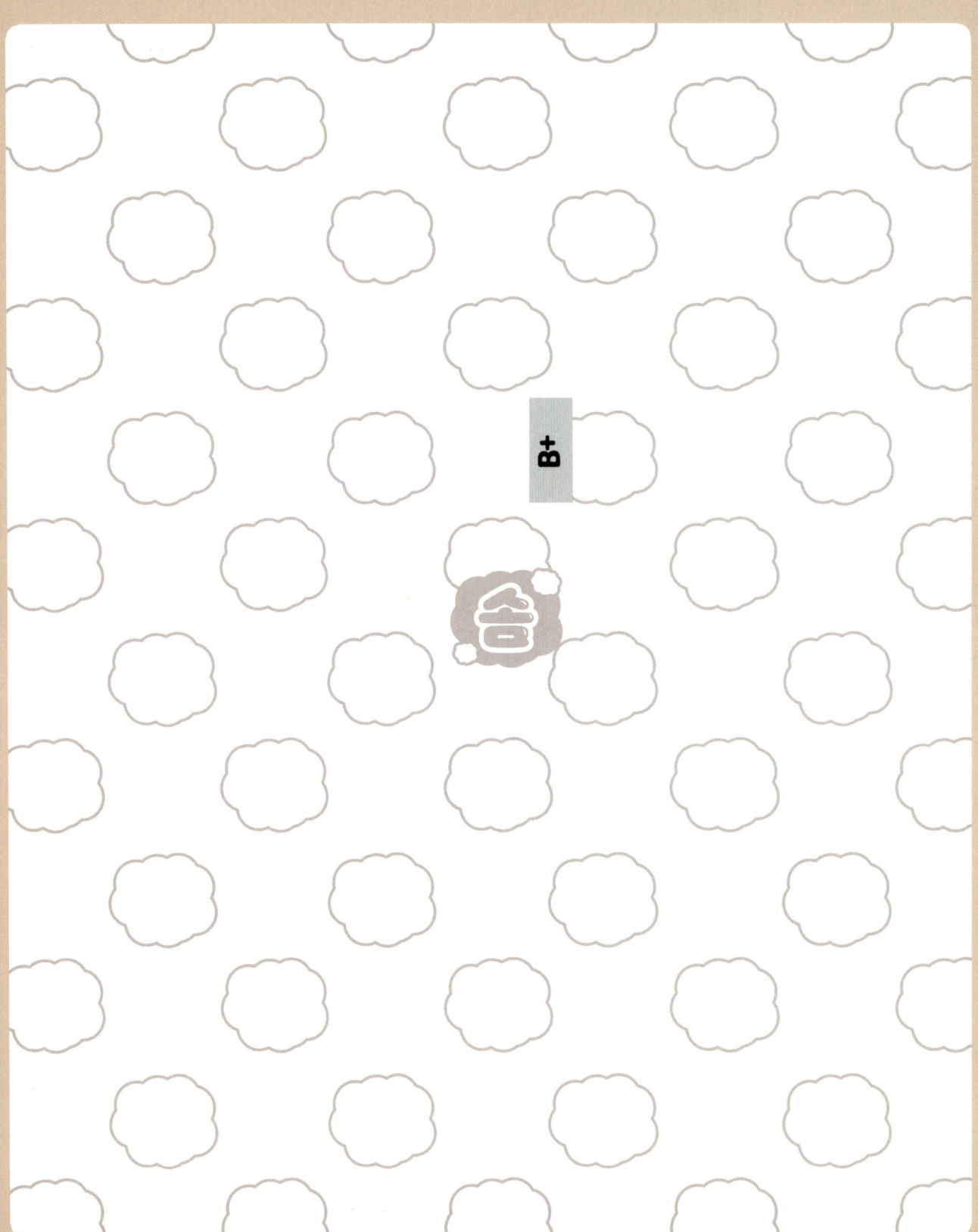

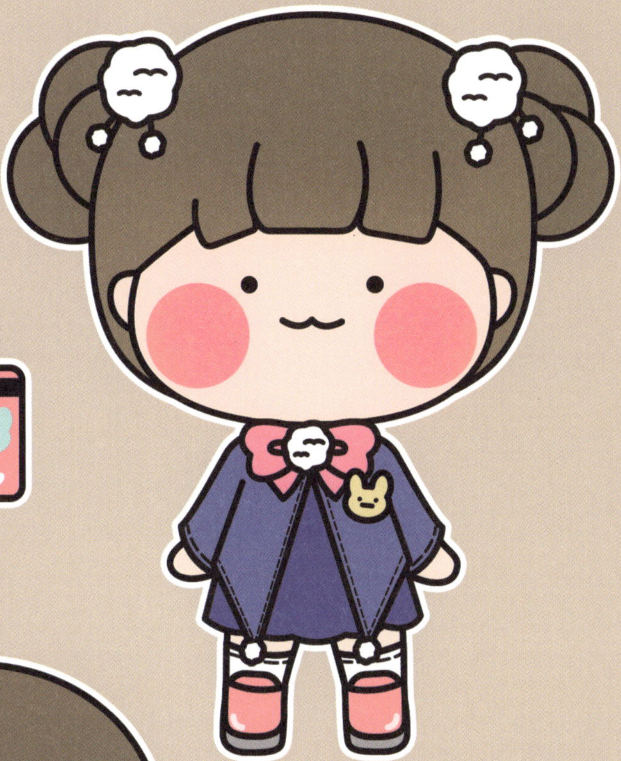

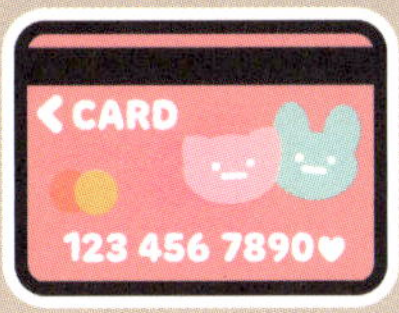
CARD
123 456 7890

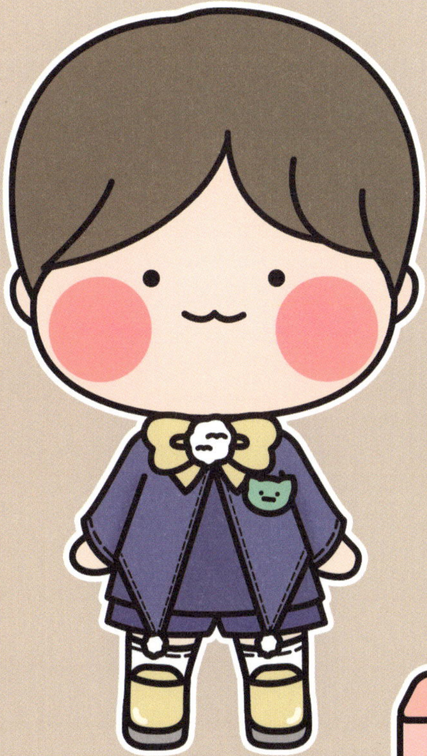

스퀴시
인형 가게

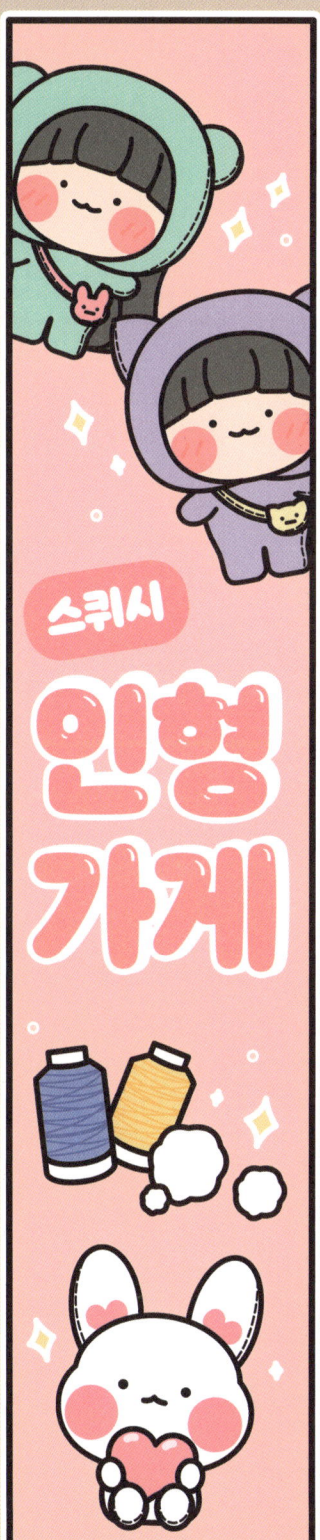

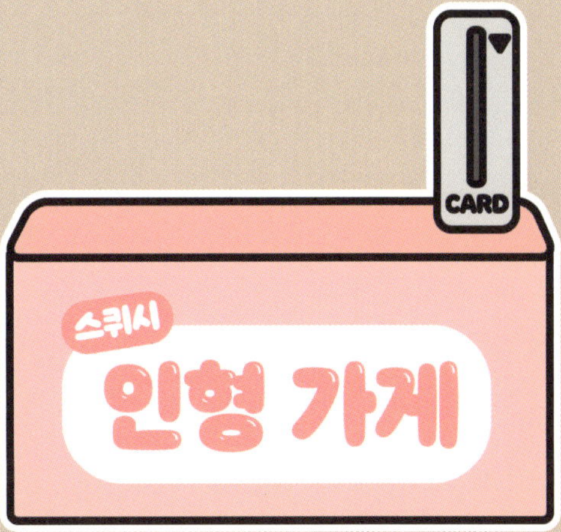
CARD
스퀴시
인형 가게

[인형 가게_7]

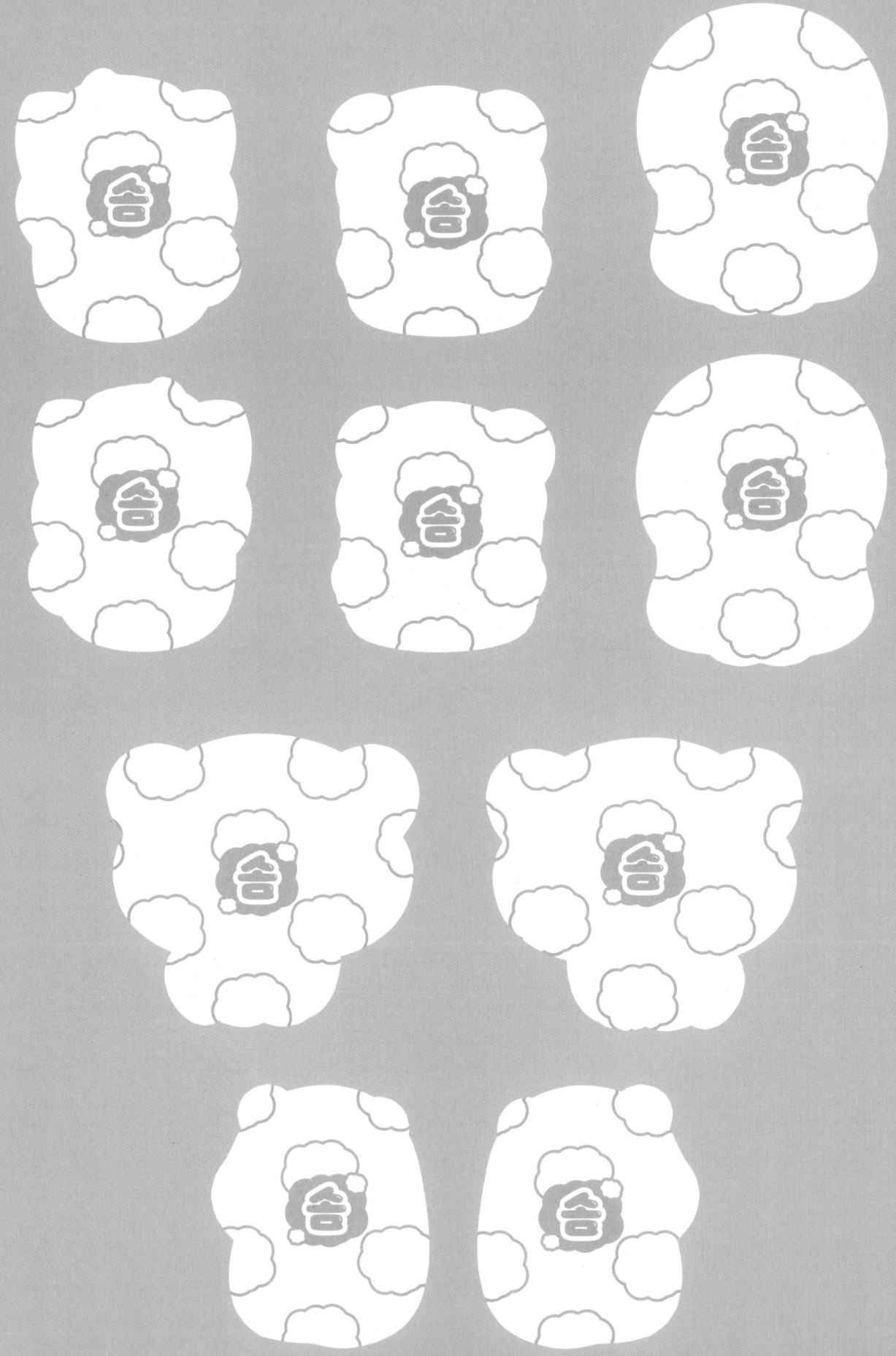

[음료수 자판기_1]

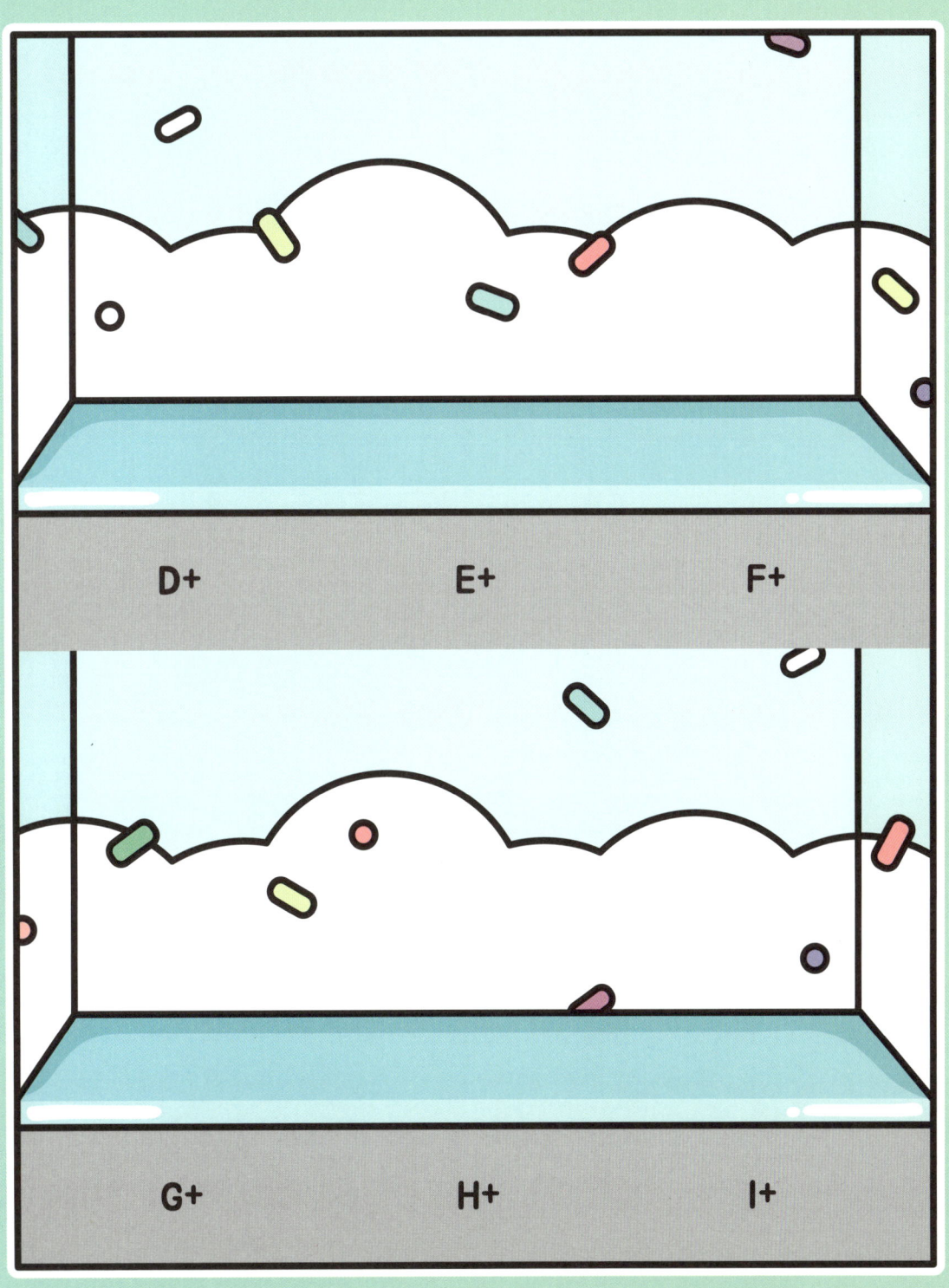

[음료수 자판기_2]

[음료수 자판기_3]

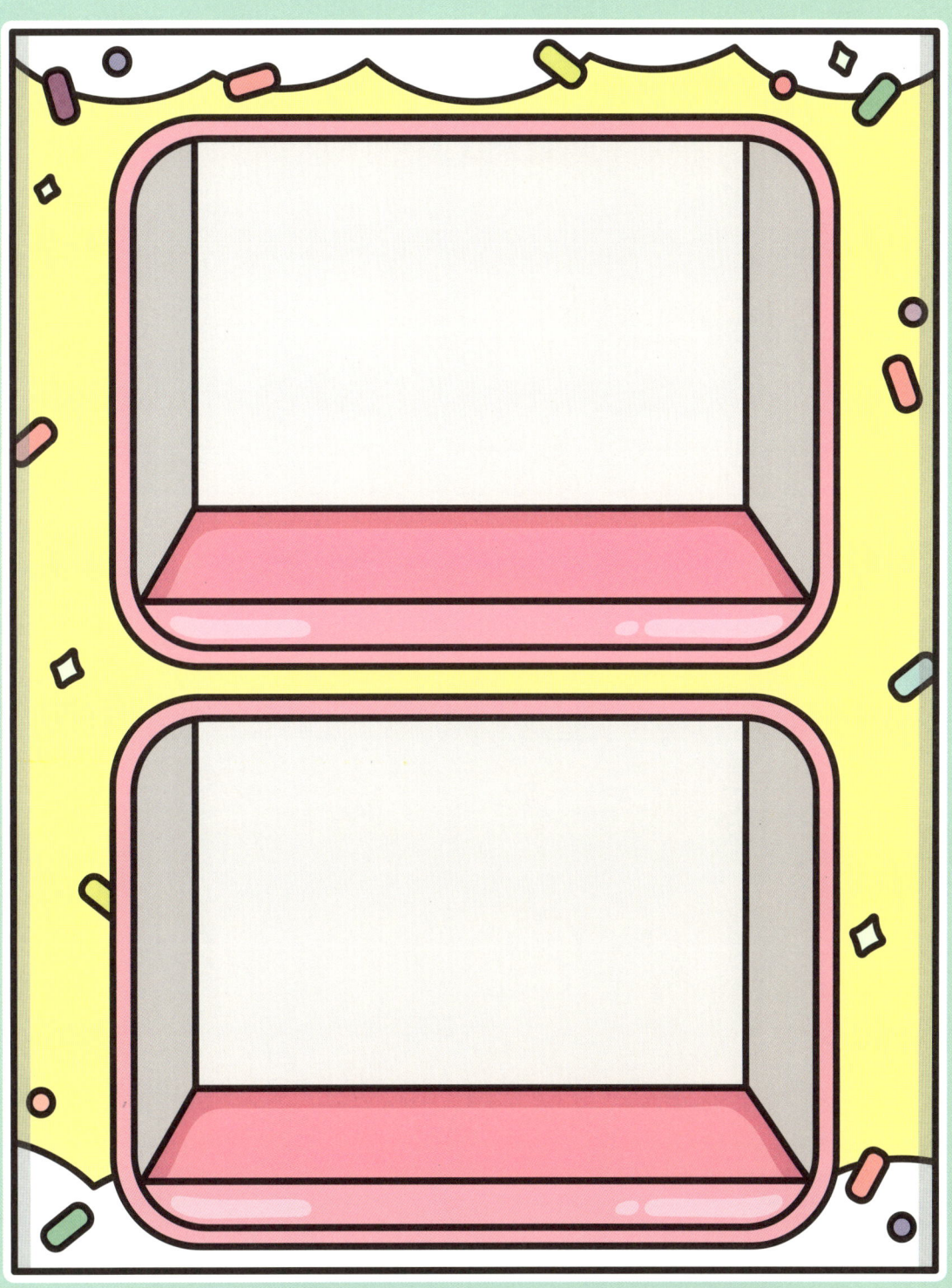

[음료수 자판기_4]

[음료수 자판기_5]

소워니놀이터

말랑말랑 스퀴시 자판기

[음료수 자판기_6]

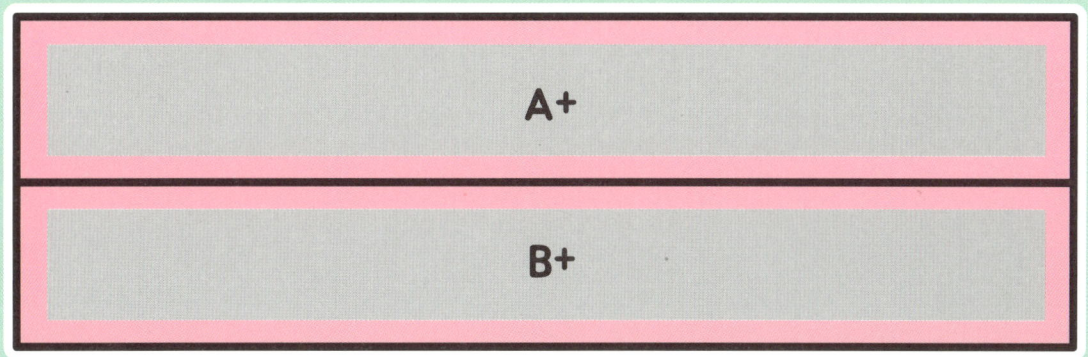

[음료수 자판기_7]

[음료수 자판기_8]

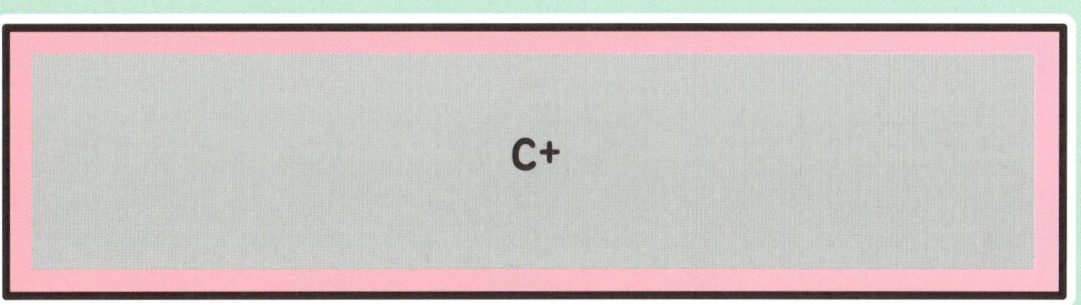

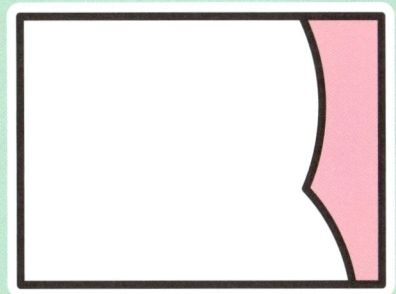
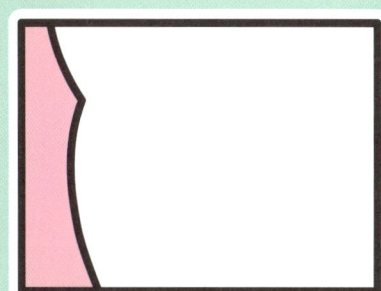

[음료수 자판기_9]

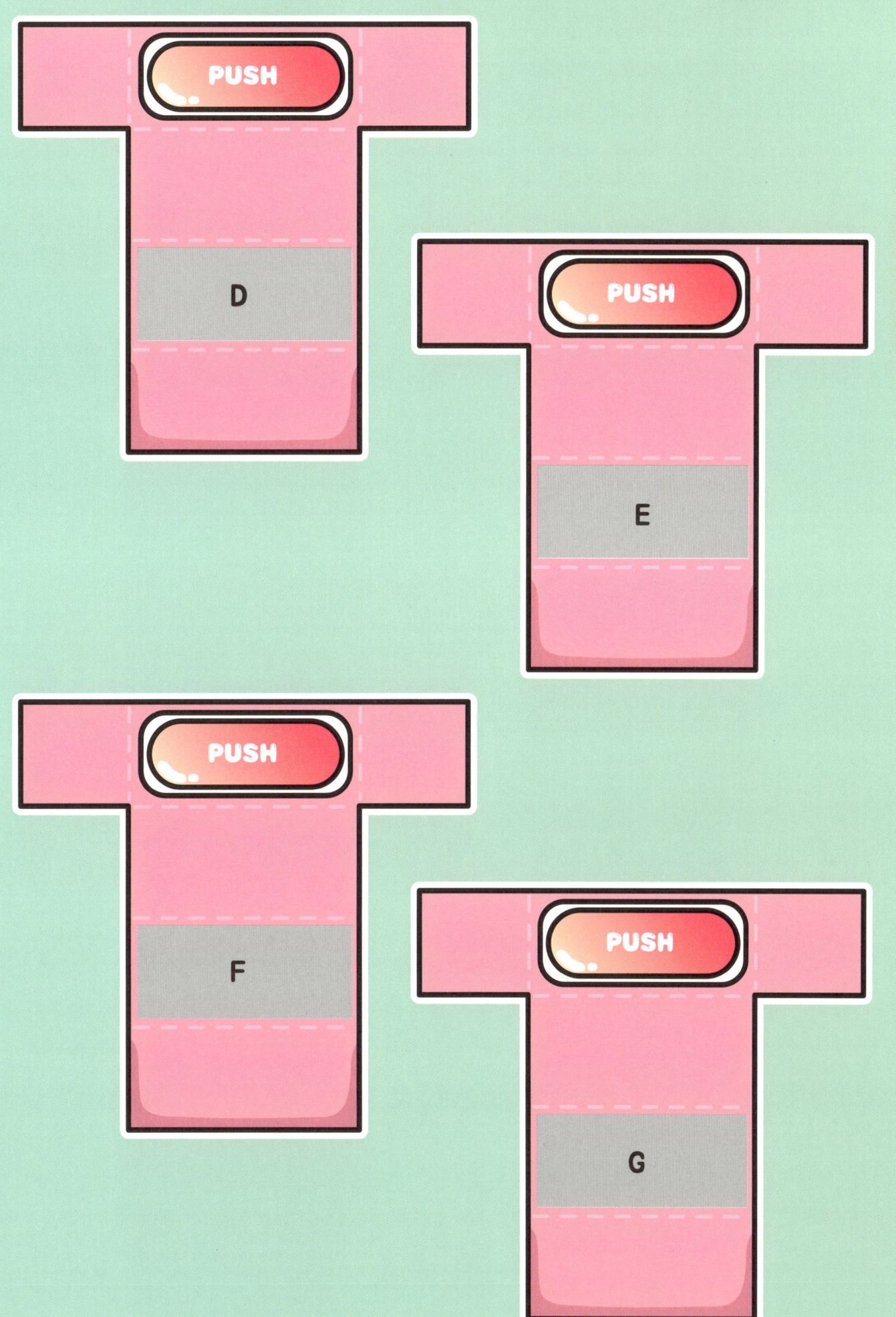

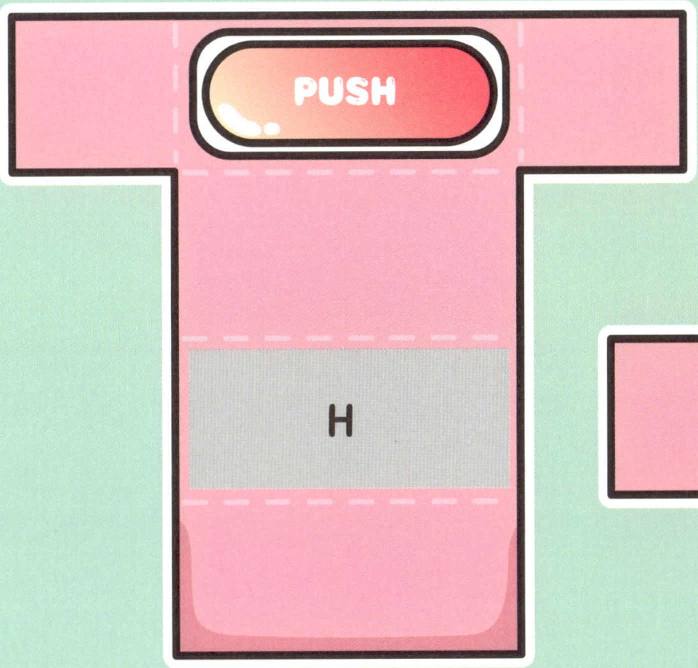
PUSH
H

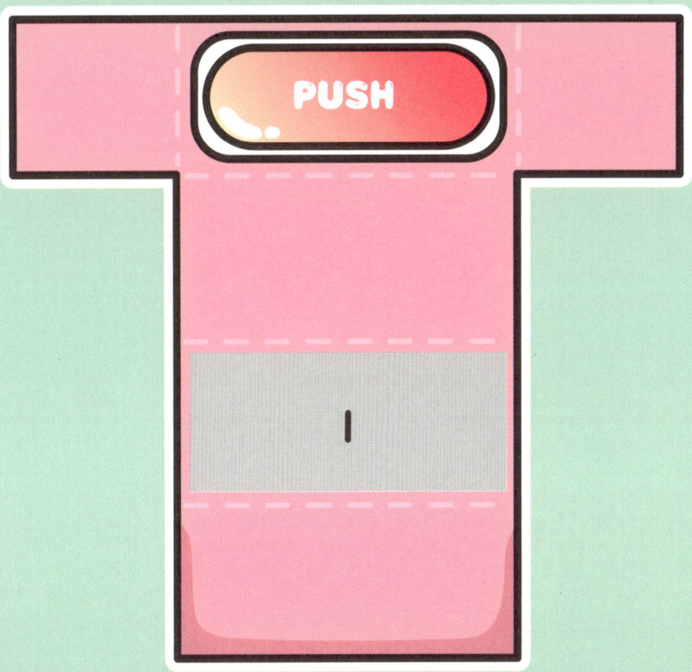
PUSH
I

소워니놀이터
산타500

산타500

오렌지 먹은지
얼마나 오렌지
juice
100%

juice
100%
오렌지 먹은지
얼마나 오렌지

레츠고
Let's go

레츠고
Let's go

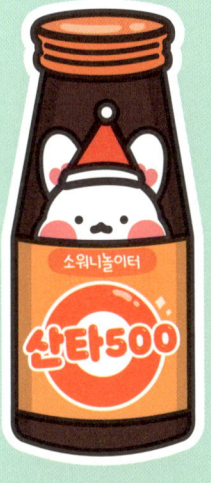

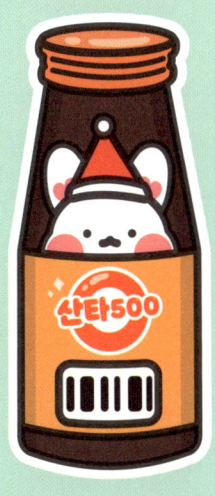

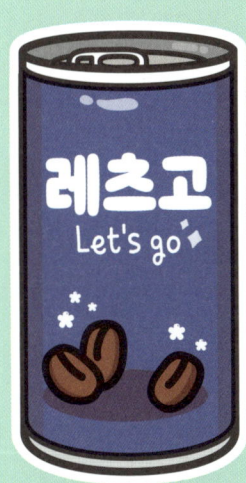

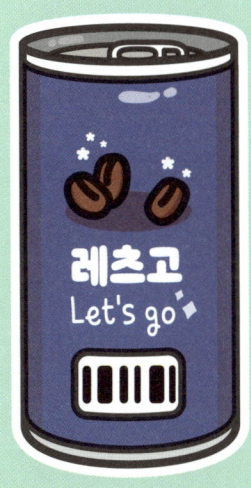

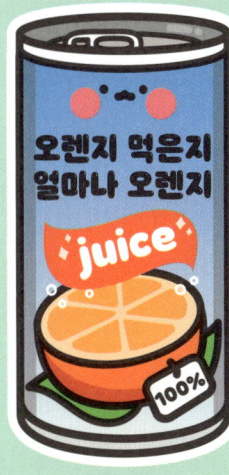

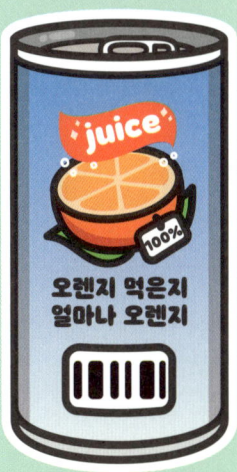

[음료수 자판기_11]

[음료수 자판기_12]

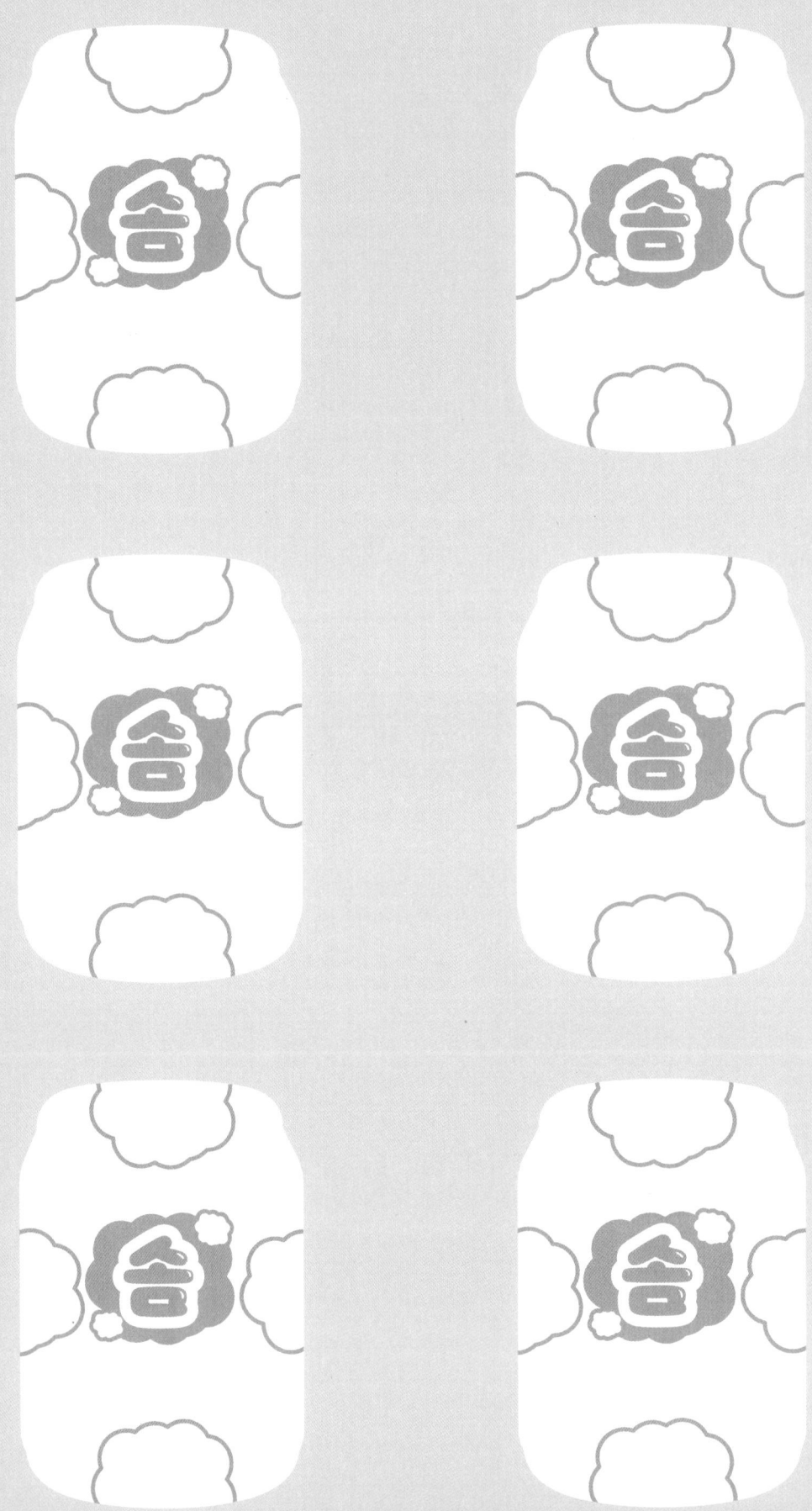

[텔레비전 스퀴시북_1]

[텔레비전 스퀴시북_2]

코팅지 / 단면

[텔레비전 스퀴시북_3]

[텔레비전 스퀴시북_4]

[텔레비전 스퀴시북_5]

[텔레비전 스퀴시북_6]

[텔레비전 스퀴시북_8]

[텔레비전 스퀴시북_9]

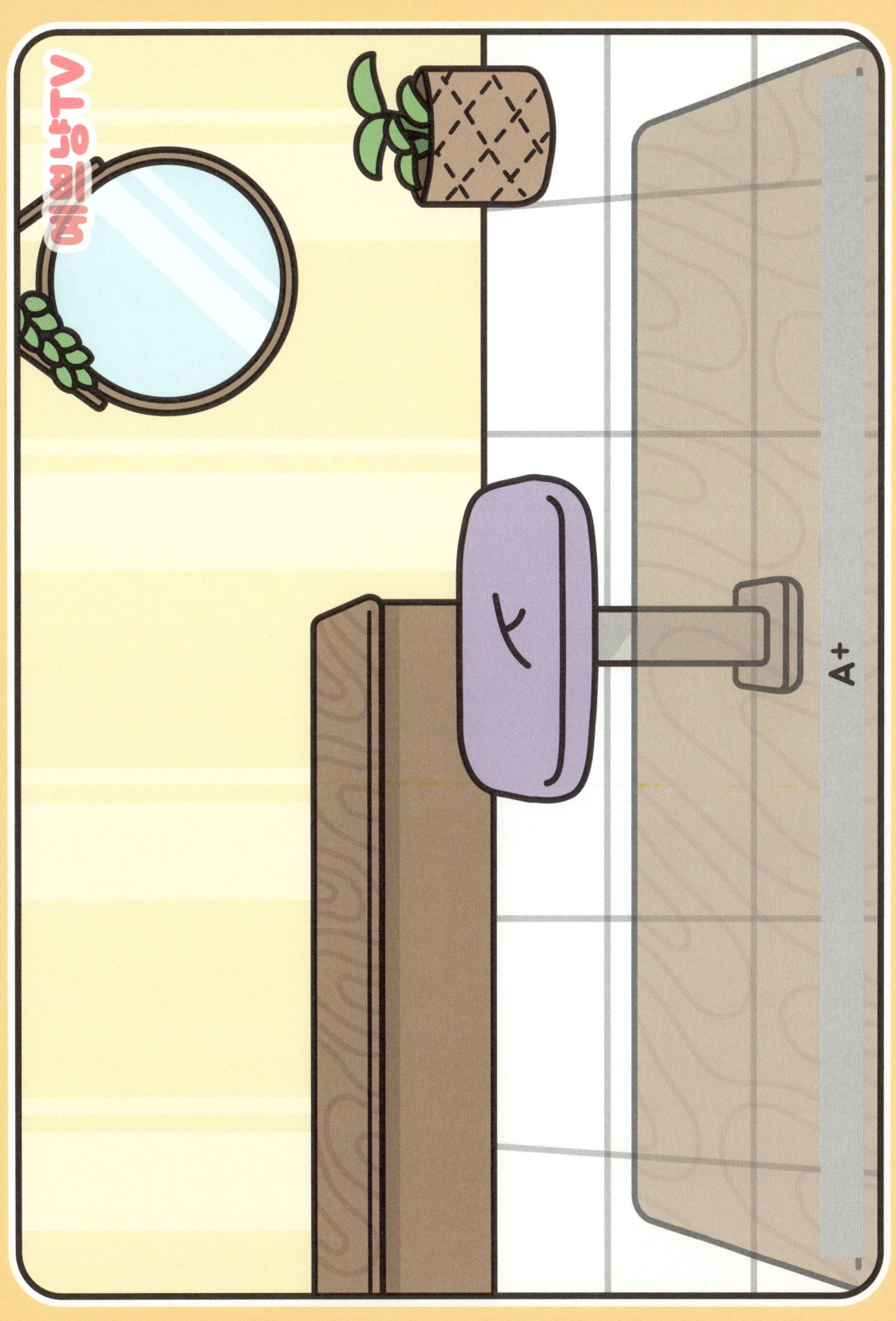

[텔레비전 스퀴시북_13]

[텔레비전 스퀴시북_14]

햄찌 요리사

냥냥 메이크업 아티스트

[텔레비전 스퀴시북_15]

파워유니버스

열심히 일해요

토깽 용사

몽실 선생님

토토 기상캐스터

[텔레비전 스퀴시북_16]

냥냥 메이크업 아티스트

[텔레비전 스퀴시북_17]

[텔레비전 스퀴시북_18]

토깽 용사

[텔레비전 스퀴시북_19]

토토 기상캐스터

[텔레비전 스퀴시북_21]

[텔레비전 스퀴시북_22]

모음

모음

숫자&사칙연산 기호

숫자&사칙연산 기호

자음

쌍자음

몽실 선생님

모음

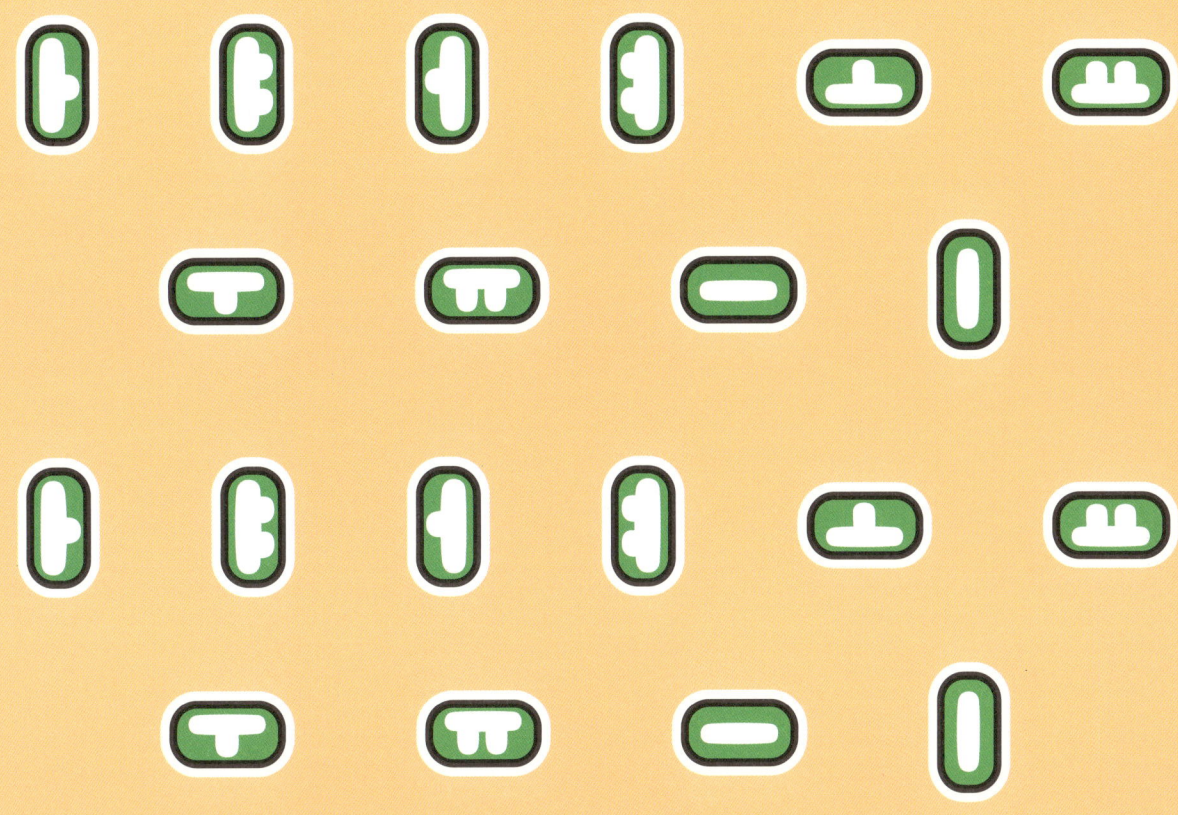

숫자&사칙연산 기호

[텔레비전 스퀴시북_25]

햄찌 요리사

[텔레비전 스퀴시북_26]

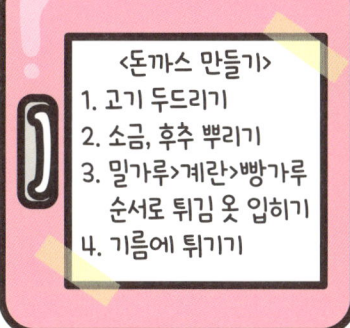

<돈까스 만들기>
1. 고기 두드리기
2. 소금, 후추 뿌리기
3. 밀가루>계란>빵가루 순서로 튀김 옷 입히기
4. 기름에 튀기기

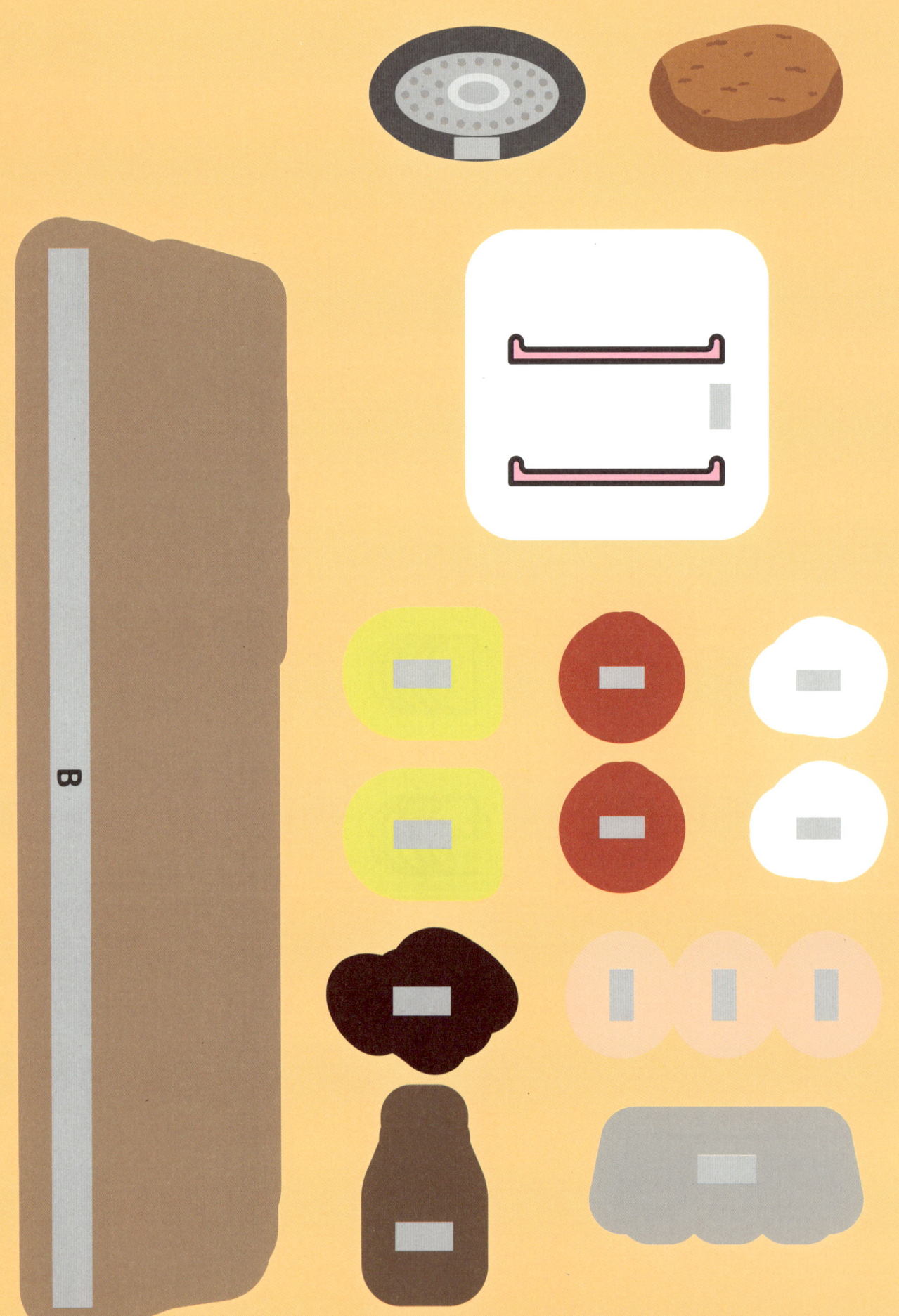